MW01171216

BITÁCORA
El largo camino de la maestría

Alejandro López

EDITORIAL
SHANTI NILAYA

BITÁCORA El largo camino de la maestría
D.R. © 2024 | Alejandro López
Todos los derechos reservados
1a edición, 2024 | Editorial Shanti Nilaya®
Diseño editorial: Editorial Shanti Nilaya®

ISBN | 978 1 963889 50 5

BITÁCORA
El largo camino de la maestría

Alejandro López

EDITORIAL
SHANTI NILAYA

ÍNDICE

CAPÍTULO 2
TIERRA, CARNE Y POLVO, EL CUERPO
DEL HOMBRE   73

CAPÍTULO 3
AGUA, MEMORIA DEL MOVIMIENTO,
SENDA DEL PLACER   109

CAPÍTULO 4
FUEGO, EL GENEROSO ACTUAR,
TRANSMUTACIÓN Y LIBERTAD

CAPÍTULO 5

Prefacio

La espiritualidad es el ejercicio consciente de ampliar nuestra comprensión del todo, del principio creador y por ende de nosotros mismos. Es gracias a la espiritualidad que la ciencia se desdobla al entendimiento humano. Es gracias a nuestra capacidad de devoción, que nos erguimos para caminar.

Agradecimiento y Dedicatoria

Con profundo respeto y gratitud dedico este libro a mis maestros y guías de vida, que me acompañaron en estos dos años que ha durado la elaboración de este libro.

Josué Zetina, Tecpatl, (Amigo, Maestro de la tradición mexicana)

Mara Magali (Cuauhtli) (Amiga, Maestro de la tradición mexicana)

Fernanda Nemer (Amiga, Maestra de yoga)

Lorena Duque (Maestra Tao)

Fray Cándido (Maestro Católico, Carmelita descalzo)

María Guadalupe Hernández (Madre, maestra de vida)

María Teresa Tapia (Esposa, maestra de vida)

Alejandro López Tapia (Hijo, maestro de vida)

Andrés López Tapia (Hijo, maestro de vida)

Elena López Tapia (Hija, maestra de vida)

Ana María López (Hermana, maestra de vida)

Alfredo López (Padre, maestro de vida)

Ricardo Moran (Socio y amigo, maestro de vida)

A mis Abuelos y Hermano donde quiera que estén.

A los elementos: viento, fuego, agua, tierra y éter.

A Dios, el principal testigo de estas palabras: de aquellas
que quedaron plasmadas, de aquellas que he olvidado, de
aquellas que recelosamente he guardado y de aquellas que,
por imposibilidad de conceptualizarlas, quedaron latentes
en el profundo estado de la posibilidad. Allá, donde alguna
vez podrán ser, o donde el lector descubrirá, por su propio
trabajo espiritual.

RESEÑAS

Maestra Mara Pacheco (Cuauhtli).

La vida es poesía en acción, todo ser vivo y cada elemento de la naturaleza. Somos una palabra acompañada del verbo, que cuenta las grandes historias de amor, alegría, tristeza o aventura. Por las mañanas, la salida del sol nos brinda el comienzo de un nuevo verso, y la noche, el final de una gran historia. Sólo el poeta logra plasmar en papel y tinta la poesía que le toca vivir cada día, y así, es como se inmortaliza en las memorias de la historia.

El autor de esta obra es el poeta que expresa en su bitácora, los pasos que lo definen y lo forjan, donde muestra al vasto hombre que se resume en un sencillo nombre, Alejandro, quien ha escrito su vida con cantos, poemas y prosas, para mostrar al mundo su rostro.

En su libro *Bitácora*, Alejandro se muestra como un labrador que siembra palabras, cosecha poesía y nutre el alma de quien se alimenta de ella. Su vida es la historia de un hombre real, con hambre insaciable del mundano manjar e infinita sed del vino espiritual. Disfruta de la seda y el elogio, pero se despoja del traje de Señor para caminar descalzo sobre la tierra, al servicio de la creación.

Con esta bitácora, Alejandro nos permite ver a través de sus ojos, el mundo desde otra perspectiva: un mundo donde él logro fundirse con los elementos y hablar el lenguaje del universo, donde consiguió reconocerse a través de su dualidad y honrar a su descendencia con orgullo y alegría, donde charló con sus ancestros a través de un fuego y danzó con los pies desnudos sobre cálidas arenas, donde pudo morir y renacer en los brazos de la tierra, donde aprendió a comulgar con la materia, sin corromper su espíritu.

Bitácora es un portal que te lleva desde su primera página a otro estado dimensional, a través de las historias de un ser que de alguna manera ha reconocido y aceptado su condición de humanidad.

Acrósticos escritos por la maestra Duque

Acepta la gracia como

La guía principal y vive este eterno presente:

El periodo blanco nos llama a transformar las creencias más profundas para que brille cada corazón como Jade, cuarto chakra, verde, sintonizando el corazón de misericordia y cantando en silencio:

Aleluya, Alegría, Aleluya, y todos los maternales seres perciben un Nuevo sol, yang puro que la Divinidad alumbrando en la unidad está, para así Renacer, retornar, resucitar y cuidar el fuego sagrado de la lámpara del centro alimentada con el eterno Olivo, cuyo aceite no es de oriente ni de occidente.

Luyari

Periodo púrpura - Tierra de Fuego Li

Avanzas firme y serenamente en tu camino

La inmutabilidad de la esencia te perfuma

En una barca - paramita cruzas a la otra orilla, y la fuerza de cambio del año Jia Chen (2024) al Gui Hai (2043) te impulsa y Alcanzas el bambú dragón, un Nuevo impulso, nuevo Día para Retornar al Origen

Sendero de Avatamsaka

Aunque camines por senderos oscuros, la alquimia de cada
Lunación te lleva al encuentro con tu propia sombra,
En cada persona, ves tu persona, como
Juncos entrelazados, para aceptar todas las facetas de tu ser.
Abraza el cambio y recibe el sello del abrazo de Dios.
Neptuno disuelve egos olvidados y te ubica en
Dorados campos para cosechar trigo y maíz sagrados...
Recoge, sembrador
Os aguarda la Vida, lo que ves es lo que hay, la esencia y la imagen son uno.

Ama-nacer, ama la
Luz que
En la oscuridad resplandece, hay
Júbilo y
Alegría en el
Nuevo mundo que se crea y re - crea
Dentro de cada Ser en este amanecer.
Ríos de Dharma fluyan y
Orquídeas sanadoras perfumen tu vida

Luyari

TEXTOS INTRODUCTORIOS

VIVENCIA, INTERPRETACIÓN DISCURSIVA, Y POTENCIALIDAD HUMANA

Reflexión inicial, bitácora de vuelo.

La experiencia no es algo propiamente vivencial; puede ser un simple relato construido en nuestra mente. Dicho de otro modo, poseemos la capacidad de tener experiencias etéreas, de programar a nuestro cerebro a una vida enriquecida de experiencias tangibles y relatos imaginarios. Con esto, el tiempo se puede extender al infinito, totalizarse, para desaparecer. Así es posible salirnos del plano tridimensional.

No estoy seguro si esta capacidad recae cien por ciento en funciones cerebrales o está relacionada con otras partes del cuerpo. La capacidad creativa, la intuición y la memoria celular, desde una línea no consciente ni lógica, es posible que pertenezcan a un sistema que aún no reconocemos en nuestros cuerpos, algo que está más allá del sistema nervioso. Un sistema que nos conecta con experiencias extrasensoriales, donde los límites físico-temporales no existen. Donde la memoria es colectiva y universal, donde los aromas se encapsulan en registros y los sonidos resuenan en su tono primario.

¿Hasta dónde podemos potenciar nuestras capacidades? Lo que se nos ha dicho es ínfimo, en contraste a lo que podemos acceder. Somos máquinas de viaje dimensional, brújulas con millones de rumbos, seres espaciales, almanaques de conocimiento, constructores de realidades que navegan por las ondas cuánticas de un impulso creador.

La pregunta en cuestión es: ¿cómo sintetizar todo esto y ponerlo en práctica? ¿Cómo usarlo efectivamente? ¿Cómo superar el límite físico y cognoscitivo del aquí y ahora? Expandir nuestra autodefinición, volvernos conciencia universal aplicada en la materialidad. He tenido pinceladas de esta capacidad humana de conexión, pero sé que no es znada comparado con lo que somos capaces. Quizás el siguiente paso en la evolución del hombre es descubrir, en nuestro ser, la multi dimensionalidad y aplicarla a nuestra libre voluntad.

A través de mis escritos, voy dejando testimonio de este descubrimiento. En los diferentes niveles de profundidad y de acceso a este conocimiento, he encontrado que la poesía es una buena herramienta para esbozar someramente lo experimentado, sin embargo, las palabras no alcanzan para la descripción completa de esta capacidad humana de conexión.

Probablemente este libro sea una bitácora de vuelo, el diario de un viajero, de un científico, de un alquimista descubriendo el manual de operación de una nave altamente compleja. Es la experiencia sensible y objetiva del gran secreto de nuestro ser.

El Discurso Dominante (Dinámica)

Al observar a una mariposa postrada sobre las flores moradas de mi jardín, me viene a la mente la particularidad de su existencia: una vida natural sin la sujeción a un discurso dominante, lo cual construye la realidad histórica de este insecto. Su vuelo no depende de una concepción ideológica o un constructo social, sino simplemente de una pulsión vital que la hace manifestarse físicamente en este plano dimensional. Esta pulsión en el psicoanálisis se interpreta como el pansexualismo, y permite la posibilidad de creación y vida.

Por otro lado, me pongo a reflexionar acerca de la concepción de muerte que esta mariposa pudiera tener. ¿De alguna forma tendrá un grado de sensibilidad ante este devenir inminente de su existencia? Si observamos a la muerte como lo único real, tal como lo suscribe Lacan, entonces toda manifestación de vida es una mera representación ficticia de un discurso dominante universal, una expresión imaginativa de una conciencia universal. Es, entonces, la vida una huella mnémica de la psique del universo (lo diverso unificado). Somos los seres humanos, en cierto modo, una reproducción fractal de este estado universal (lo que en el cristianismo se maneja como hijos a imagen y semejanza de Dios). Es por ello que nuestra naturaleza está anclada a la duda ontológica de nuestro Yo, con lo que estamos condenados, según Freud, a la incapacidad de resolver el conflicto. La vida misma es conflictiva, dado que nunca llega a ser real, sino un estado representativo de esta psique universal, donde el ser se expresa a sí mismo como un ente histórico, que va construyendo la idea de sí mismo a través del discurso dominante. Primeramente, impuesto, y después trascendido a través del estar consciente de la ilusión que conlleva; para con ello, ser creadores colaborativos de nuestra propia historia.

La mariposa ha volado, ya no se encuentra en mi rango visual. Habita como una memoria activa de mi experiencia y de la capacidad humana de construir mediante lo real, lo simbólico y lo imaginario. Podría redactar toda una novela de este ser libre de conciencia y duda. Darle un nombre que sujete su ser a una particularidad propia. Anabel pudiera ser su nombre, una mariposa que se ha pronunciado ante el sesgo de identidad de género, de raza, de nacionalidad. Una mariposa que, en esta adopción de un discurso, comienza a sentir el deseo de experimentarse más allá de su condición de insecto y volar certera por el principio del pronunciamiento. Aunque con ello sienta la angustia del que razona y se individualiza (se separa de su conexión primaria con lo natural). Podría expresar su angustia con el arte y volverse bailarina del jardín de lavandas, pero esto no llegaría a cubrir la libertad que tuvo antes de ser nombrada y relatada en esta pequeña semblanza de su historia. ¿Qué es entonces lo común? ¿Qué es lo propio? Estos dos conceptos se entremezclan semánticamente. Según Espósito, lo genérico es a su vez lo propio, la individualidad asumida desde un genérico común subyacente al ser. La línea delgada de una vida construida a través del discurso, pero fielmente atada a su antagónico real, lo no manifiesto, la muerte y la vida misma… la vida desnuda.

El hombre es entonces este híbrido común, pero propio; se relaciona en comunidad, pero se entiende como uno. ¿Cómo abstraerse de la diferencia sin ser devorado, cómo empatizar sin ser genérico, cómo trascender a nuestra condición natural de duda, y expresarnos inclusivos, sin liberar nuestro ego? Algunas filosofías orientales marcan dos caminos: la eliminación total de nuestro ego, es decir, sabernos nada. La otra vía es la extensión completa de nuestro ego, sabernos un todo. Ambos caminos, de acuerdo con el enfoque psicoanalítico, son construcciones narcisistas imposibles de alcanzar en vida.

Somos un continuo proceso, un discurso dominante que va relatándose tanto en lo interior como en lo exterior; una apología de un vuelo, de una metamorfosis, de una mariposa que ha sido nombrada y que en esa acepción encuentra su mayor privilegio, pero también su mayor limitante. Ser conciencia dentro de la conciencia universal, el círculo dentro del círculo, el llamado hijo de Dios, el eterno ser en devenir existencial, incompleto, común y propio; animal espiritual, que se edifica a sí mismo desde su interior y desde la comunidad. Un ser corporal y sensible, un Yo, Súper Yo y Ello en constante fluctuación de pulsión de vida y pulsión de muerte. Un ∞ en flujo constante, un humano demasiado humano.

Por alguna extraña razón me vino a la mente la frase de Galileo Galilei: «Sin embargo se mueve». En esta frase puedo resumir la filosofía, la vida misma, mi propia vida, y mi ser. Dinámica resultante de un estado en potencia que decidió expresarse.

Así inicia este libro, con la argumentación del pronombre personal y el establecimiento de los vórtices del ser. La dinámica y constante creación de nosotros mismos. La eterna metamorfosis del hombre.

Así, los poemas, las reflexiones y los bosquejos meditativos buscan establecer el discurso dominante de mi esencia vital. El drama escrito de las interpretaciones psicológicas y vivenciales de mi yo en expansión y en cautiverio. En plenitud sensorial, en conexión cósmica, en estado relacional con el otro, en servicio de lo divino.

Las siguientes páginas cuentan la historia de dos años en formación. Juzgue usted quién soy, y en qué me ha convertido mi relato.

Espero que mi reflejo evidencie su genialidad y su locura, su ordinaria vida y sus talentos enjaulados.

Lo que hoy nos alimenta mañana es abono. Así que, ¡cultivemos la tierra de nuestro ser!

CAPÍTULO 1

VIENTO, ESPIRITUALIDAD ATURDIDA

Meditación-reflexión del umbral del color

El azul, efecto espectral de un estado previo a la manifestación del mundo físico tal como lo conocemos, es el color del diseño, del bosquejo.

La paleta de colores es un círculo que vuelve a unirse más allá de los colores percibidos por el hombre. El ultravioleta y el infrarrojo son los primeros pantones de la no visibilidad humana. Sin embargo, existen más.

Al girar los colores visibles se muestra el blanco, es decir la combinación de todos los colores, y al girar los no visibles se forma el negro. Cada color tiene su opuesto no visible.

La acción y la no acción. Rojo, acción permanente; azul, reposo. Los colores visibles son parte de la descomposición de la luz. Los no visibles son la descomposición de la oscuridad.

Al poder entender esto, parametrizarlo y aplicarlo en la vida, podremos viajar a otras dimensiones. La oscuridad en la paleta de los colores no visibles, es un portal a otros campos de existencia.

Meditación (Candado de oro)

El hermoso concepto de resguardar y no de aprisionar, parte de la diferencia entre poseer y ofrecer. Para uno se necesitan prohibiciones, prisiones, jaulas; para otro, sólo atención.

¿Qué tanto estoy resguardando, qué tanto estoy aprisionando? ¿Qué me aprisiona, qué me resguarda? Y, ¿por qué?

La naturaleza nada posee, nada aprisiona, sólo resguarda y ofrece. Es como el proceso de gestación. La madre nunca posee al bebé, simplemente lo resguarda.

Liberarse de la jaula de oro es poner al servicio nuestro ser, es potenciar nuestro estado vital.

Poema del enamorado

En la ruta de lo hermoso.
En la magia de saberse simple.
En la llamada de un amigo.
En el sereno reposo a tu lado.

Siembro mis días
con lindas promesas.
Confiado de escuchar
la palabra de Dios.

Tus labios expresan paz.
Tus mejillas, sonrisa.
Mi querida compañera.
Mi sincera verdad.

Me resulta interesante
elevarme sobre nubes.
Ligero y abierto al vuelo,
del señor de la alturas.

Abrazar estatuas,
hechas de bronce.
Abrazar corales,
sumergidos en profundidades.
Queriendo cambiar las siglas de lo establecido.
Queriendo bañar los campos de eternas vidas.

Me aventuro a creer,
sin sentir mi corazón convencido.
Con un redundante amor
que se ruborizó al tiempo.

Allá estás, allá en la bella morada
qué construí en mis sueños.
Sobre las olas de los grandes mares.
Sobre rocas erguidas en altiva pompa.

A ti te espero,
mi reina hermosa.
A ti siempre te he esperado
con las manos abiertas.

Cambio de estación

Soy un árbol que la vida se ha encargado de quitarle sus hojas. Todo aquello que está de más, todo aquello que cargo con apego, con posesión y egoísmo, el sol de la vida lo seca y vuelve quebradizo, permitiendo que su luz entre en mi totalidad. El suelo donde me postro se seca, exigiendo a mis raíces fortalecerse, expandirse en busca de nutrientes.

A veces me resisto al ciclo natural. Es cuando el sol intensifica su postura, y el viento sutil y bondadoso hace volar mis apegos, formando hermosos retratos coloridos en el cielo.

¿Cuántas noches más necesitaré para la depuración total? ¿Cuántas estrellas presenciarán mi liberación?

Aquellos a quienes doy sustento sienten los cambios. Exigente, el ciclo de la vida los obliga también a adaptarse. Ya no hay sombra que cobije sus días. Hoy les toca crecer y forjarse con el sol.

Espero que el verano llegue y traiga humedad para mi tronco fortalecido, para mis ramas desnudas pero fecundas, para mi suelo sediento. Y el verde follaje vuelva a crecer, los frutos temporales maduren y puedan servir como alimento, y también pueda dar sombra a mis hermanos y compañeros de esta jornada existencial.

Soy árbol de hoja caediza, no puedo estar en contra de mi condición.

El discípulo

Sigo esperando, en un espacio breve,
las minúsculas hojas que caen del cielo.
Atento a los carrizos,
atento al zopilote y al venado.

Espero en reposo sobre una estrella amiga.
Espero, contemplando las múltiples castas.
En canciones que hacen tregua, la verdad habita siniestra.

Se elevan fuegos, por distintas razas.
Se estrechan corazones al luto de una partida.
Sin gracias, ni rasgos de aparente opulencia,
la gente festeja las fiestas naturales.

Aún no entiendo de dónde nace la ferviente esperanza.
Aún no baño mis pies con agua sagrada.
Distante de los fieles, distante de los valles,
emprendo mi viaje con escamas y grietas.

Abraza mi pecho el rigor del credo.
Abraza grandeza que, difusa, confunde mis ojos.
No creo saber, no creo sentir, la lisa plenitud del canto iluminado.
Atado al apego de esta lucha sin sentido.
Atado a seguir cargando libros sin respuestas.

La pureza se esconde ante mi ceguera.
Campos verdes aceptan mi cuerpo y mis canas
para seguir obrando por mi eterno despertar.

Pentecostés

El amigo nace cuando canta el ave.
Las noches pasan y seguimos reacios.
Es de uno calmar el alma.
Es de dos convertir ayeres en mañanas.

Siempre has hablado
sin importar mareas ni atardeceres calmos.
El amor expresado en rosa.
El amor expresado en peltre.

Un amigo se avecina
para abrir su corazón callado.
No soy tú, evadiendo la fortuna.
No soy yo en mezquina postura.

Mis oídos callan para escuchar palabras.
Mis pies no huyen.
Mi manos no labran.
Atento al cielo y al callado silencio.
Mi ser se extiende, más allá de un argumento.

Porque somos pasto de mañanas húmedas.
Porque somos campos, de infinita superficie.
Mi amigo expresa su sentir profundo
y el pasado alcanza con sus dientes mi espalda.

Amo ser redención y cobardía.
Amo ser canto y tibia ligereza.
Hoy no busco figurar entre los grandes.
Hoy no busco esconderme de los niños.
Porque soy belleza de finos estambres.
Porque soy grandeza de mis abuelos distantes.

Háblame, háblame y recuerda que sigo siendo carne.
Hasta entonces seguiré vertido en agua.
Hasta entonces sacaré el aire de mis pulmones frescos.
De mis labios mil versos, de mis pies largos pasos.
Porque nada sustituye la fiel pasión por la vida.
Porque nada amedrenta mi libertad adquirida.
Símbolos que rozan los horizontes mágicos.
Símbolos que penetran conciencias vagas.
Por compartir sangre.
Por atizar leña.
Por partir pan y caminar acompañado
de un ángel y un Dios,
de una doctrina de sacrificio.

Empiezo a escuchar el trinar del pájaro.
Empiezo a palpar la oscura madrugada.
Y en mi mente no hay más que un profundo descanso.
No hay más que un hermoso abrazo.

Visítame, vísteme con tu verdad.
Espíritu de amor, espíritu de salmos.
Mi frente coloca su angular postura ante tu luz.
Mi corazón se abre para recibirte.
Aquí estoy, aquí siempre he estado.
Ferviente de colmarme de tu gracia divina.
Ferviente de elevar mis pies al signo trinitario.
Por esperar el alba, por cantar alabanzas.
A un Dios hombre, a un Dios mensajero de la palabra
que es verbo y morada.

Amén.

Reflexión después de la Meditación

La duda como centro de la condición humana

La duda nace de la desconexión del hombre con el todo (la sabiduría fundamental, Dios). Ante esa duda, el ser humano expresa su ser en una serie de interrogantes y se transforma con ello en un ser de ciencia, en un ¡filósofo!

Su incapacidad de conexión con la sabiduría fundamental, le exige desarrollar el método científico. Se establece en un continuo proceso de observación, planteamiento de hipótesis, experimentación y conclusión a esas hipótesis. Todo parte de la pulsión separatista de dudar de su esencia y su conexión con lo único e indivisible. Esto trae consigo un proceso continuo de descubrimiento y creación, que le permite en un marco reducido ir disipando partes superficiales de su duda fundamental, lo que lo ha hecho ser capaz de evolucionar a través de la innovación. No obstante, al ser la raíz de este proceso la incapacidad de aceptar su condición adherida a lo único, se ha transformado en un ser de dominio y depredación, dado que cada conclusión conseguida no satisface su duda original. De esta forma se encuentra en ese proceso continuo e iterativo llamado ciencia.

Por el contrario, aquel que lejos de ser científico, busca disipar la duda a través de la aceptación ontológica de su naturaleza, y reconoce la desconexión con el uno, genera una simbiosis que le permite expresarse a sí mismo como una extensión de la sabiduría. Por ello, es nombrado sabio. Es entonces que, a falta de duda, lo único que le resta por hacer es brindar su servicio a los demás seres, puesto que entiende su condición simbiótica y su participación en el orden universal.

Algunos filósofos hablan del peligro de disipar la duda, y caer en el tedio, como lo expresa Schopenhauer. Sin embargo, puedo observar una fuerte disyuntiva en este argumento, ya que la verdadera disipación de la duda nace de la conciencia y la aceptación, no del somero paso fortuito por una existencia sin la propia concepción de lo que efectivamente somos. El tedio, entonces, sólo puede llegar si eliminamos el estado consciente de nuestra condición humana, y nos derrotamos ante la capacidad de dudar. La sabiduría no es aquella que nace de la derrota, sino de la superación de esa duda, poniendo al ser en la genuina voluntad de servir. Tal y como lo expresa Nietzsche al plantear el argumento: «El hombre debe superarse a sí mismo». Es decir, debe superar su condición de duda, y conscientemente aceptarse como un ser instalado en el Todo. De hecho, lo deja muy claro al plantear la evolución del hombre. Primero es camello (aquel que no es consciente y simplemente deambula); después es león (aquel que es consciente y se resiste, lucha, duda constantemente, el científico que aplica iterativamente el método científico para experimentarse y crear), y por último es niño (aquel que ha superado la duda y está en gracia con la sabiduría única, muchos le llamamos Dios, mis ancestros Ometéotl).

Heidegger describió la melancolía cómo la tonalidad fundamental del hombre a dudar de su esencia ontológica (su tendencia a filosofar). Aristóteles plantea que la mayoría de los grandes hombres y mujeres de la historia son melancólicos. Si partimos de la definición de Heidegger, son aquellos que tienen más impregnada la duda fundamental y que conscientes de ello buscan constantemente disiparla. Esos grandes seres ilustres que nos han hecho volar, comunicarnos a distancia, bailar con hermosas sinfonías, transportarnos a mundos fantásticos con la literatura, curarnos de terribles enfermedades. Descartes lo expresó contundentemente en la máxima de su pensamiento filosófico: «Pienso y Dudo, luego Existo». Se ratifica nuestra existencia a través de la duda, misma que permite geminar y potenciar el pensamiento creativo e inquieto del ser humano.

El huevo de la vida es la manifestación expresa de esa duda universal. Si Yo Soy, ¿quién más puedo ser? Esto deriva en una pulsión expresiva del mundo físico (big bang), porque sólo en este plano podemos experimentarnos. El universo mismo puede experimentarse, pues fuimos provistos de esta condición primaria de duda, que nace del principio de la polaridad; es decir, de la ruptura del cigoto unitario en dos: lo que se es, y lo que se proyecta de sí mismo.

A esto en el entendimiento ancestral mexicano se le llama la experiencia de vivir en Ometéotl, lo diverso unificado, lo que se es y la proyección de lo que se desea ser en uno solo, volver a la raíz.

La ciencia es el testimonio de la evolución, de ir respondiendo a nuestra duda fundamental. Es eso que nos hace humanos y seres de creación. A su vez es el esbozo fehaciente de nuestra incapacidad de aceptarnos como seres que existen más allá de esta proyección física. ¡Eternos melancólicos!

Ríos Hermanos

En lo profundo de una verdad,
en lo profundo de un sentimiento,
nace el amoroso deseo
de una paternidad limpia y bella.

La ternura de acoger y ser acogido,
de servir y ser correspondido.
Listones de cabello volando,
grandes saltos conquistando el cielo.
La abierta imaginación de un genio.
La colorida astucia de un guerrero

Mi cariño adornado por ellos,
mis hijos, mis compañeros.
Antier corría buscando luz,
hoy comparto luz y me humedezco con la lluvia.
Porque estoy en la estación de las cosas tiernas,
en la morada de un sueño realizado.
A partir de una ilusión, se formó una caricia.
A partir de un llamado, un compromiso.
Tres abrazos, tres dones espirituales.
Espejos de mi alma, ríos de vida.
Son ellos quienes fluyen libres.
Son ellos quienes viajan caudalosos.
Con sonrisas sonoras, y ojos soñadores,
con el entusiasmo infantil del que todo lo sabe.
Soy un monte rodeado de afluentes acuosos,
abrazado y nutrido de su energía,
que reverdece todo a mi lado
y recibe el sol como grato amigo.

Alex, Andrés y Elena, su vida es medicina.
Su naturaleza afluente de muchos terruños.
Su esencia, libertad colorida de valles y montañas,
los contempló con dulzura y admiración.
En completa paz, en completo éxtasis,
luminosa irrigación de vida.
Haciendo frutos de semillas y manantiales de pequeñas gotas,
continua línea existencial.
Marcada por el dedo creador de la voluntad divina,
germina las praderas con la gracia de la niñez.
Del comienzo amoroso de una nueva posibilidad,
de tres amaneceres, de tres lindos porvenires.

Mis hijos hermosos,
seres que despiertan ante una tierra que los acoge,
sírvanse a descubrir el mundo,
sírvanse a entregarse al tiempo.
Conteniendo lo inevitable, expresen su ser en lo majestuoso,
que no es más que brillar ante lo que nos es propio.
Servir, a lo que nos es regalado.
Brindarse a lo eterno e inmaculado,
al principio vital del ciclo universal.

Buscadores inquietos, aves en vuelo,
sientan la vida, palpen la tierra.
Que silbe su corazón el canto honroso del viento.
Y su pecho encienda el fuego del vigor humano.
Porque las intenciones deben ser provistas de propósito
y las frentes de sólidas visiones.
Para que, a su paso, se construya la conciencia de los
inmortales
y el espíritu del que no se doblega.

Un fuerte latido, un profundo respiro.
Eso son, y eso serán, en este transitar.
No se malgasten con ufanos juicios.
Vivan y sientan, como hasta ahora lo hacen.

Sin cobardía, sin soberbia.
Sólo como caudal de río que fluye constante y sin argumentos.
Como simple manifestación de vida.
Cómo cristalina agua que guarda memorias,
mientras regresa al mar y se evapora al cielo.
¡Limpia, libre en comunión!

Los amo mis queridos maestros:
Alex, Andrés y Elena, los tres ríos hermanos.

Vestigios de un guerrero Jaguar

Vestigio, traza energética de un esplendoroso suceso, de una vida libre y poderosa, que perpetúa su existencia con pequeños restos de su gloria.

Los hombres ruedan sobre ciclos, caminan dejando huellas de un andar con convicción, de un paso armonioso. Construyen templos, imperios y moradas, atestiguando su acontecer, su opulenta manifestación de vida.

Al final todo tiene su declive, todo pierde su majestuosidad; no con ello pierde su profunda relevancia, no con ello se niega su floreciente paso. Los vestigios rememoran la grandeza, impregnan historia, canto y lucha; matizan la cóncava figura de la vida.

Sobre restos de ciudades olvidadas, se construyen nuevas promesas, se alzan edificios que buscan conquistar alturas, arraigados al pasado de una civilización proclive, de un conocimiento extendido en muros y piedras apiladas.

Nuestra vida es vestigio de ancestros, nuestro carácter el tatuaje traído de su esencia. Formamos parte de un hilo dorado que se extiende, infinito, sobre miles de trazas energéticas. Somos, por ello, vestigio viviente de la Luz primaria, de millones de luces que surcaron vidas.

En la evolución de un andar energético, la historia es mayor cuando se cuenta en silencio, porque ante la duda las palabras se tornan ociosas, ante el esplendor el rostro expresa su naturaleza milenaria. Así que, rompamos con los principios de finitud, y libremos el camino del que deja huellas inmortales. Con el pecho en alto, recibamos el regalo de ser vestigio de un millar de cantos.

Guerrero jaguar que alzas un imperio, guerrero jaguar coronado con honores. Ves desde las alturas los templos que te rinden culto, orgulloso del linaje de los que hoy empuñan dagas en tu nombre. Tu humanidad se transforma en condición felina, para así caminar la jungla sin compasiva gentileza, pues te sabes fuerte, honesto y sigiloso.

Tu rugido cimbra las hojas húmedas, atemoriza al que busca derrotarte. Tu espíritu ocelote ha despertado, para confrontar la noche y danzar por el día, para formar así tu estatura inquebrantable, que no necesita lucha para conquistar la magia de la gloria, pues tu propia grandeza abre el campo de batalla, y extiende el cielo azul por largos valles. Te has conducido al lenguaje de la perfección, al que se posiciona en su punto exacto y expresa todo lo que resume la victoria.

Tu pelaje, tu posición, tu altitud, tu vigilante actitud, te han convertido en el jaguar de las elevadas tierras. Te has hecho merecedor de un himno solemne, de una escultura de jade y de un clan que porta tu insignia. Así que… ¡Ruge! Ruge mientras el cielo rompe en truenos, mientras la lluvia manifiesta su bondad y su poder. Que en el viento resuene tu eterno vestigio, aquel que impregna los oídos de vibrante vigor, y a los corazones de sincero respeto.

Ahora cierra los ojos y descansa, pues no hay más para el que ha superado el temor, solo quietud y eterno descanso. En honrosa posición vigilante, una nube forma tu figura y el latido de mi corazón dice tu nombre.

Ometéotl.

Meditación

El estado consciente de una respiración pausada, la bella concepción de mi ser como un todo, como ese fenómeno producto de la vida, en este plano espacio temporal; como ese ser que conoce, que observa y reconoce a través de su experiencia su propia naturaleza esencial. La grandeza de la biología humana, su increíble potencial y capacidad de ir más allá de lo racionalmente lógico. Esa capacidad de conectar a distancia, de vibrar en diferentes planos, de simultaneidad existencial, dado que el espacio es un mero hilo conductor de la totalidad.

Me dispongo a conectar con la feminidad manifiesta en mi vida a través de los seres cercanos que me rodean: mi mamá, mi esposa, mi hija, mi abuela, mi suegra, mi hermana, mi nieta, mi bisabuela, mi sobrina. Me presento a ellas como un pensamiento en su estado de ensoñación, como un sutil respiro, una caricia, un elemento algodonado, una nube. Puedo sentir su plácida existencia, navegando por la dimensión onírica del descanso. Me enlazo a ellas más allá de un tiempo determinado, y más allá de una corporeidad.

Mi corazón ahora se carga de una energía apacible y dulce, pero vibrante. Respiro la noche como una llama que consume elegantemente el oxígeno. Aprecio lo esplendoroso, pero también lo sugestivo y la zozobra, lo tardío que en vestigios manifiesta su atemporalidad.

Respiro más profundo y más aterrizado a esta realidad, conecto con el vaivén respiratorio de mi esposa que duerme serena sobre nuestra cama. Culmino con la racionalidad de la crítica de la razón pura de Kant, de la simetría de su pensamiento y la rebuscada demostración del básico de existir, como un juicio a priori y un fenómeno vital que concluye en un juicio que se reconoce a sí mismo después de experimentarse, ¡eso es la vida misma!

Ahora reposo sobre mi cama abarcando serenamente mi redonda condición trascendental; es decir, mi concepción dual unificada, del que observa o conoce y del que experimenta, para luego, autocomprobarse en la demostración científica del arte de vivir consciente.

Mi corazón es ese eslabón que enlaza la razón con la sabiduría innata; la pulsión intuitiva de conexión con los principios universales del todo; es decir, la diversidad unificada, lo latente y lo manifiesto «Ometéotl».

Mi ser más allá de su identidad, y por mera reciprocidad, mi espíritu manifiesto en mi identidad y corporeidad.

Nosotros, como representación física de nosotros mismos. Un reflejo de nuestra conciencia inmaterial.

Por último, recuerdo mis fantasías de niño, mi facilidad por construir mundos y posibles escenarios de mi futuro. Justo ahora siento esa misma facilidad, esa mente imaginativa que concibe sus ideales futuros, y le resulta sencillo fantasear con mundos y realidades más allá de la propia. Quizás ese sentimiento venga como referencia del discurso de ayer de la maestra de ballet de Elena, quien describió al ballet como esa disciplina que te permite atravesar la realidad y vibrar en el mundo fantasioso de la representación escénica. En cierto modo es una forma bella de describir la vida, y más bella aún si es adornada con la hermosa música de Tchaikovsky. Mi niño (y mi ser adulto) bailando y ejecutando las sinfonías hermosas de una vida plena y libre, en el ejercicio diario y constante de la disciplina del buen vivir.

Ceremonia «El cuerpo consciente y libre»

Animalidad que reclama su sitio.
Lo esencial se ufana de su elevada naturaleza.
Más no repara mi deseo corporal,
mi ímpetu celular que manifiesta su primitiva naturaleza.
La prisión no es el cuerpo, sino la perspectiva dual.
Encuentro libertad en las formas que esbozan mi torso y
mis extremidades.
Se alistan para resonar independientes de un molde
que las acota a ser simple motricidad.
Hay inteligencia adherida en sus tejidos.
Hay impulsos conscientes de una identidad singular.
Mientras se expresa artísticamente, mi espalda se tuerce,
anteponiendo su movimiento natural.
Los esquemas impregnados en la memoria muscular,
se levantan en acto revolucionario.
Buscan equidad y un lugar en mi axial existencia.
Se han sometido por varios lustros a la esclavitud mental.
Se han superado a sí mismos,
como un tren que parte sin un destino definido,
sobre vías que emergen de la tierra
y circundan desafiando la ley gravitacional.
Existe una línea delgada
entre la perfección singular de mi estructura molecular
y el delirio semántico de lo que puede soportar mi entendimiento.
He experimentado la faceta de un ser libre de mi concepción yoista,

48

construida por la mente.
La interpretación de mi cuerpo como salvaje y primario,
abarca el posicionamiento de un yo biológico libre de identidad.
Cuando junto las manos frente a mi torso
las fuerzas encontradas se neutralizan.
La lucha es equiparable al neutro de las polaridades.
Una neutralidad activa que absorbe su propia magnitud,
mientras los opuestos siguen empujando.
Es entonces que la energía no es transformada ni transmutada,
simplemente absorbida, como si se tratara de un hoyo negro
que absorbe el conflicto de mi dualidad preconcebida.
El sonido expresa vibraciones que son entendidas con los
poros de mi piel.
Mi manos son una caja de resonancia
que recibe las ondas espaciales para reproducir animalidad
con mi voz.
Entiendo a mis amigos artrópodos.
Los libero del yugo científico y las cenas de opulencia.
Mi estructura ósea es igual a ellos, mi corporeidad dista de
un patrón humano.
Entonces capto la semilla de un desdoblar consciente de
mis enlaces biológicos,
para honrar mi cuerpo como una máquina perfecta,
que en equilibrio experimenta las artes marciales,
mientras mi hijo Alejandro pronuncia un discurso.
La luz que emana de la vela,
es el llamado de una sensible mirada de mi hijo Andrés
que sostiene con su luz un bagaje profundo.
Percibo a Alex como estado físico y solidez marcial,
y a Andrés como luz y expresión sensible de lo etéreo.
Mis dos argumentos,
mis dos fuerzas expresándose a través de la conexión filial.

La mirada perfecta de mi maestro
me muestra la fortaleza que conlleva aterrizar mis palmas
sobre el suelo.

Una verdad poderosa
que sólo aquel que ha conocido la pérdida de su ser en lo
etéreo comprende.
Mi amigo, mi guía, me retorna como un ente mental y corpóreo,
mientras el llanto de la finitud expresa su apego a este plano.
Mi vida armonizada y llena de color, en la cúspide de su
expresión.
En perfecta simbiosis y animada voluntad por seguir
expresándose,
aunque en lo profundo me sé servidor de una divinidad
que hará de mí lo que mejor le convenga,
puesto que no soy más que un simple reflejo de su voluntad.
Así que me recuesto completamente cansado
y sello mi alianza con sus designios.
Designios que abren las puertas de un universo sin limitantes,
sin muros ni barreras existenciales,
pero a su vez me condenan a latir a un ritmo celestial.

Mi corporeidad, el sonido, y la conexión con mis hijos
marcaron el ritmo de una noche activa y estrambótica.

Aún no soy capaz de interpretar lo sucedido.
Aquí estaré, caminando en la línea delgada
del placer de vivir al marco de lo físico
y la visión expandida de un universo metafísico,
que invita a perderse en él;
alimentando así el arte de vivir en inter-dimensiones.

El cielo, al final de la noche, sigue estrellado
y con Venus con esplendoroso brillo.
Los tambores tocan y ayudan a comprender
y asimilar la angustia de la finitud física,
de la muerte corporal, mientras mi cuerpo,
ya no cansado, sino vigoroso,
aprovecha su corto tiempo para seguir vibrando
con poder y júbilo en esta bella oda de su nacimiento y despertar.
Un nuevo ser se ha formado;

el cuerpo consciente y libre,
receptáculo de la sutileza,
infinito decimal del continuo canto de la vida.

Mhm aha,
mhm mhm aha aha,
mhm aha

En la proximidad de la muerte

El hilo delgado de un ser despierto
que hace nudos para contemplar su postura.
La continua y espesa quietud involuntaria
que ajusta el paso de mis dudas existenciales.

Al parecer mientras más consigo caminar,
más discrepo con la orografía de mi entorno.
Lo sublime y elevado de un camino iluminado
me tienta a flotar, pero mi animalidad me exige
perderme en la maleza.
No para subyugar mi ser,
sino para reclamarlo como arcilla y lodo,
como expresión latente de un ser que respira vida.

Elevarme suena tentador,
más si escucho al aire sintonizar las bellas notas del cantar
divino.
Pero el rugido de mis entrañas, de mi sexo,
de mi carnalidad, salivan y jadean la necesidad de carne,
de tierra húmeda y palpitar sanguíneo.
Siento la muerte cercana, cada vez más cerca.
Esta cercanía dispara mi animalidad, la despierta,
la llama como a un pariente olvidado.

La lejanía etérea de mis ratos meditativos
son ahora una explosión de estímulos sensoriales.
Mi cuerpo es un receptáculo de infinitas sensaciones,
todo en mí exige seguir sintiendo la naturaleza de la vida;

aunque mi ser sabe que la muerte orgánica se aproxima,
no sucumbe ante la idea de temporalidad

¿Quién detendrá esta corpulenta cascada bio-rítmica?
¿Quién escarbará entre mis vísceras
e impregnará mi cuerpo de la dulce miel del desapego?
Por tanto tiempo he pregonado la búsqueda de libertad,
hoy que se acerca, mis emociones reaccionan vehementes
ante su paso.

¿Acaso esta fe que he alimentado con alpiste y grano,
se volvió gorda y perezosa?

¿Acaso las escamas de mi piel oblicua,
reclaman el agua salina de mares milenarios?

No puedo zarpar, sin sentirme humano una vez más.
No puedo partir, sin retumbar en miles de ecos
y gritar sin piedad la palabra placer.
Porque lo oscuro sigue calentando mis pies
y abrigando mi garganta.
El singular canto del ajetreo me incita a convertirme en bestia.
Me impulsa a ladrar, a bramar, a hablar lenguas antiguas
y pronunciar lo impronunciable, lo oculto, lo terroso y olvidado.

No puedo parar, no puedo descansar y olvidar mi nombre.
Si lo hago estaré condenado a la Iluminación,
aquella que he buscado por tanto tiempo
y que ante su cercanía,
mi gris parecer me exige seguir merodeando en los pantanos terrenales;
porque soy homo y desciendo de las bestias,
porque soy piel orgánica que suda sal y escupe bilis.
Soy el animal animado que alberga, en su biología,
la divina concepción de una conciencia universal.

Reconquista lo que siempre ha sido tuyo,
el polvo del que estás hecho,
las cenizas de lo que fue tu andar,
y la ligereza espectral de un sonoro tiempo,
que arrulló tu sueño y creó la semilla de tu voluntad.
La vida pura y cristalina de esta mañana existencial.

Luminosa animalidad,
jaguar que reclama su reino.
Últimos senderos, fin del sedoso estado vital.
Hasta mi partida, hasta mi estado de vigilia permanente,
mi siguiente despertar.

¡Mi muerte!

Levedad

Se vio al espejo y comprendió que su cuerpo era una alegoría más grande que la propia forma física.

Así que adoptó la horizontalidad como perspectiva básica, y el cielo estrellado como el rumbo a seguir.

Contento, y sin la opresiva gravedad sobre sus hombros, respiró inflando sus pulmones con aire cálido. Elevando de esta forma su espalda de la superficie sobre la que reposaba.

Realmente se percató de la facilidad de flotar, incluso le resultaba obvio la postura y la no necesidad de usar las piernas, su ligereza se acomodaba perfectamente al fino contorno del viento.

Sus preconceptos limitantes se filtraron en el suelo, al tiempo que su profunda inhalación se identificó como única pieza. Flotando así recibió el amanecer, despejando el ruido de su habitación interior.

Mis queridos hermanos, amigos y maestros Josué y Fray Cándido

Hoy por la mañana, mientras iba al club me llegó un momento de entendimiento, nada sobrenatural; al contrario, muy sensato y en cierto modo lógico, que vino a integrar las experiencias de las últimas dos ceremonias.

Estoy entre el despertar de mi animalidad, y la autonomía y dinámica constante de mi cuerpo. La medicina se presentó de esta forma hermosa para recordarme que la vida es aquí y ahora, fundamentalmente en la acción, en la corporalidad, en este reino físico animal. La espiritualidad se vuelve ociosa si buscamos desprender nuestra conciencia de la carnalidad que hoy tenemos. Mi miedo a morir, más bien era un miedo a seguir viviendo, a seguir experimentando las sensaciones vitales por separado, qué es cómo son sentidas en este plano.

De igual forma, mientras veía el sol en mi camino, recordé la montaña y el conflicto que tuve con el sol. Esto me trajo la mala analogía de este astro, al figurarlo con verdad; realmente lo que representaba en ese momento era la vida misma, una vida que la sentía con gran displacer, pesar y bruma. En ese escape aparentemente justificado de mi desarrollo espiritual, estaba dejando de sentir la maravilla de estar vivo, de estar sintiendo a Dios en cada expresión material.

La muerte no es la finitud de la corporalidad, es la finitud de la presencia de un estado vital, que continuamente está sucediendo. Desde luego me atemorizan muchas cosas, porque sé que aún no estoy listo para afrontarlas; sin embargo, estoy consciente que, el experimentarlas, será una bella poesía de mi espiritualidad en la expresión sensible de mi existencia en el plano físico. Mi cuerpo exige dinamismo; mi ser, el despertar de su animalidad (biológica constitución), para seguir aprovechando este fugaz regalo de respirar, de materializar el bello canto de la posibilidad de estar aquí y ahora, vivo.

Gracias por contribuir en el discernimiento de este proceso y en la preparación de mis nuevos pasos.

Hogar

Si tocas y amansas el pasto.
Si tocas y amansa la lluvia.
Si la noche asoma las grietas de un destino sinuoso.
Si la lucha por permanecer, se volvió azúcar vertida en hierro.
Si tus tótems han caído
y la partidaria forma de un retrato colorido, se calcinó con el
fuego.
Entonces ardes y mueres.
Entonces abres las puertas de un profundo deseo
que yace sobre la arena que cubre tus rostros muertos.
El filósofo, el empresario, el ciudadano ejemplar,
quedando sólo el poeta, el espíritu que habla con el menos-
cabo y la virtud.
Aquel que llama a su morada mente y a su esencia respiración.
Un cuerpo sin órganos, un mástil sin barco.
Un verso que vuela entre las nubes,
envuelto de libres cantos
que son y serán su única guarida.
Al perderlo todo, halla su quietud, su grandeza,
su sombra nítida que atiende el devenir de las estrellas.

En tinta, en mancha,
en ligera calma,
la noche lo acusa.
La noche lo estimula
a ser partidario del gran banquete del disfrute.
De un objeto de deseo indeterminado,
de un aliento libre de la singularidad plástica del otro.
Jugando a la estrecha actuación de un hombre sin rostro,
sin etiquetas, sin pasivos articulados de una cultura segmentada.

Con la exigencia de una conclusiva respuesta.
La destrucción del límite identificativo del yo y el entorno,
del hombre y el cosmos, del verbo y la acción.

Al voltear arriba y observar el cielo oscuro,
nuboso y cercano,
pronuncio lo que he callado estos últimos meses.
Mi enlace con la carnalidad,
mi nueva realidad adquirida por mera pulsión vibratoria,
por mera necesidad de expresión.
¿Quién soy para despojar su cometido?
¿Quién soy para simular una quimera subjetiva?

Despacio, sin prisa, regreso a la exquisita guarida de mi verdad,
de mi racionalidad, de mi figura representada en el espejo
de lo cotidiano,
y por consiguiente de lo perfecto, ¡mi hogar!

Luz celestial

Observé al cielo,
no encontré su luz.
Contemplé la caricia de un gitano andar,
de una aprisionada estructura,
de un ciclo repetitivo,
como estrecho paso de un rumiante acordonado,
como ligera plasticidad de las llamadas transitorias.

La luz se halla bajo mis pies, bajo mis huellas y mi andar,
que extrañamente me ha condicionado a su presencia,
que canta en desconsuelo por su redonda figura.
Amiga del agua, de la tierra y de mi mente creativa,
luz que brilla en tonalidades pastel,
entre nubes que cierran el cielo azul,
empujadas por el viento,
hacen del camino, arte;
y del horizonte, lienzo.

Observo a la distancia el ocaso.
Observo y me siento parte entrelazada del sol que se oculta.
Como si Dios esbozara con su dedo creador
la inmaculada esencia de la vida.
Entonces respiro y atesoro lo sutil del aire.
El lenguaje callado del espacio.
El cantar profundo de una vibrante realidad
que va más allá del atardecer,
a un lugar que no tiene una ubicación específica,
más bien, un infinito entrelazado en tiempo y espacio.

Así soy.
Así comulgo y reparto luz,
con el torso desnudo y mis manos abiertas.
Avivando el espíritu que conecta mi ser con lo divino.
En ayuno de una mente interrogante.
En paz y libertad absoluta.
En Dios,
sobre la luna creciente
que impregna de poder mi semblante.
Para ser ella, la bella caricia de un susurro divino,
de un canto celestial, el de los antiguos versos consagrados.
El de la magia que expande mares.
El del romance perpetuo que no dice nada,
más bien, brilla.

Maestro Tecpatl

Ahora que he estado caminando el sendero que me corresponde, aquel que me exige portar una vestidura más corporal, y revivir los elementos bestiales de mi humanidad, he descubierto que el espíritu guerrero que se acompaña de animalidad, es bien recibido por lo sagrado; es digno y congruente con lo que nos es propio, dado que somos piezas de una experiencia más grande que nuestra propia concepción. He retomado el gusto por la carne y las pulsiones instintivas, como el apetito sexual y el deseo de creación y prestigio. He vuelto a disfrutar de la compañía de hombres y mujeres de negocios, de la materialidad, de conceptos esenciales como la amistad, la libertad, el amor. Mis sentidos hoy están agudos y centralizados en el plano dimensional del tiempo y el espacio, he dejado atrás la idea del desapego, de la superación de mi identidad expresada en mi persona. Alejandro se negó a ser superado. La vida, como la concibo a través de mi entorno, se ancló en su deseo por seguir manifestándose con ímpetu y determinación. Esto me ha alejado de mi idea de finitud corporal, que alumbraba mi muerte para este noviembre. El ser manifiesto que vive en mi identidad se ha afianzado; con esto, quizás me aleje de una posible iluminación temprana. Sujetarme a mi corporeidad me hace seguir experimentado el deseo de creación, de experimentación, renovación e integración de mi ser.

Hago una pausa en mi escritura para saborear el deseo carnal y la libido que vibran en mi masculinidad, al acecho, sin éxito, de conseguir la libertad del deseo; sin embargo, sí consigo la liberación de la represión, camino hacia la delgada línea circular que integra lo esencial con la materia, la dualidad unificada.

Saberme más aterrizado, tal como tú me lo mostraste al poner tus palmas sobre el suelo, me ha ayudado a integrar físicamente las bellas y profundas enseñanzas que he recibido de este proceso expansivo de mi ser.

Sigo atento al camino rojizo, sigo andando con cautela y asistencia. Aún no consigo valerme completamente de mi sensibilidad y criterio para descifrar lo que Dios apunta como sentido direccional de mis prematuros pasos. Mi voluntad en gestación aún guarda indicios de soberbia conceptual, y del marco ideológico que se construyó en mi ser durante cuarenta años. Confío en la sonrisa de mis hijos y en las mañanas refrescantes, platico por momentos con el cielo nocturno para agraciar mi espacio con las titilantes estrellas. Busco aligerarme mientras, irónicamente, cargo más equipaje. Probablemente no es que lleve menos carga, es que mi determinación se ha robustecido y plantado fielmente a este espacio tiempo que impulsa a la motricidad. Mi vida humana adherida a mi identidad y a mi nombre. Un nombre que hoy encuentro muy similar al carácter del viento: volátil, y con la necesidad de ocupar un espacio en el vacío, para servirme de referencia contextual y mantenerme pulsando en este paso de mi vida.

Reflexión

Qué rico es amanecer y sentir la fuerza vital del despertar, saber que sigo trabajando, sigo caminando, en el cometido de mi vida. Esta pulsión que me invita a seguir, a no estancarme, a fluir a través de la materia y de la mente. Soy consciente de mis límites ontológicos, pero también soy consciente de las infinitas posibilidades que se pueden expresar si se vibra en sintonía con Dios.

Estoy respirando el aire de la madrugada, estoy inhalando el espíritu vital de la tierra; esto me permite entrar en sincronía con su respiración, con su esencia, con la pura manifestación de vida, que está mostrándose todo el tiempo a mi alrededor con ese sutil murmullo del proceso cíclico de creación, sostenimiento, depuración y resurgimiento. Lo escucho, lo veo, lo huelo, lo palpo en todas partes. Es Dios en manifestación constante en la bella feminidad de la naturaleza. Es la vida misma, que abraza los planos espaciales y temporales, para mostrarse única y hermosa, como una luz florida, como una fuente de cristalina agua que nace desde la conciencia de un Dios creador, un Dios más allá de lo manifiesto.

Cuando libero la tensión mortífera que me separa del centro, me integro a la universalidad, a esta parsimoniosa quietud que comulga con el ritmo de mi corazón y el vaivén de mi respiración.

Hermoso despertar que me señala un nuevo principio, la presencia latente de lo que está más allá de lo vivido en la experiencia mental, lo que habita en la profundidad de mi pecho y teje hilos dorados con el infinito.

Amén.

Reír

Me permití reír,
con ello adquirí vida y amplitud de mi ser.

Me permití reír
y en mi pecho se abrió el puente con lo sensible.

Me permití reír
y con mi rostro sonriente
adquirí el carácter de transeúnte dimensional.

Me permití reír
y en mi risa encontré también la vibración sonriente
de mi composición molecular.

Me permití reír,
contrayendo mi abdomen adquirí fuerza,
brío, carácter inclusivo.

Me permití reír
y descansé del ruido mental.

Me permití reír
y el impulso vital
me llevó a caminar
bajo el cielo nocturno de las cinco de la mañana,
sintiendo el frío vibrante del aire matinal,
y la bella luminosidad de Venus.

Me permití reír
y mi día inició con la bella sintonía del placer de vivir.

Hombre asno

El tiempo del águila ha terminado. Hace semanas que no la veo volar, ni escucho su gañir. Por el contrario, entre las jardineras de mi casa una serpiente se interna entre las plantas; sigilosa y reptante inicia su tiempo.

Hoy que camino por terrenos accidentados, mis obras no atañen a un elevado sentido de virtud, ni a un ufano acto de liderazgo. Más bien, a una condición obrera y servil, que entiende que su momento es ser burro de carga, sin queja ni rencor por su labor; por el contrario, con digna estampa y rostro humilde.

Entre el águila y la serpiente, se distiende una vida de trabajo, de sostenimiento y determinación, una que recibe el sol amigo de las aves y se postra en la tierra húmeda que alberga reptiles.

Aquí estoy queriendo erguir mi cuerpo, pero las enseñanzas del asno me dictan seguir cargando, seguir acotando el horizonte a un punto cercano y concreto. De qué sirve soñar con la ilusión del edén, si en los pasos firmes de este mundo, no se halla sabor. Las mañanas atestiguan la esperanza; las tardes, la sutil liberación del peso, pero el medio día exige movimiento, fuerza, sobriedad y despejarse de expectativas, pues la acción supera el idealismo.

El valle se ve rodeado de montañas, para convertir su planicie en repositorio fiel de agua de lluvia, transformando su tierra en lago y su estéril suelo en vida fértil.

El valle que hoy camino recibe la lluvia del creador. Mi carga me imposibilita ver su divinidad, pero mi lomo recibe las frescas gotas que bañan con energía mi cansado cuerpo. No hay montaña que tenga que ser escalada, no hay sombra que espere por mi descanso, sólo jornadas que inician con el amanecer y terminan con el sol a cuestas, sin muchos argumentos ni coloquios, sin muchos adornos ni relatos fantásticos. Sólo el servicio del hombre que reconoce su alma trabajadora, y desmentido del deseo ilusorio de ser arriero, adopta el mote de jumento de carga.

Mundano indigesto

Abraza mi pecho la cárcel de un símbolo,
de un carácter cotidiano,
de una libreta de raya,
con escritos cargados de singularidades,
de un pasado que sigue vigente,
de un futuro que ya ha sido atestiguado,
de un presente atemporal.

Mi supuesta aristocracia es producto de una sombría historia,
de una vida cautiva en el prefijo de lo susurrante,
ambiguo canto del pichón nocturno,
llama al eco de una noche magnética
repleta de prismas y cobalto.

La tierra que se acumula en mi abdomen ha dejado de ser fértil.
Es fango pestilente, producto del exceso de lo tangible y
mundano.
Oprime y atasca el flujo energético de mi médula espinal.
He olvidado ayunar en sábado, el hedor porcino corre por
mis venas
y emana de mi piel.
Con movimientos circulares y extrañas torsiones,
me libero del exceso
para así creer que cuento con suficiente extensión,
para mostrarme estelar.

En el agitado caos de los días de noviembre,
la muerte ronda y el cielo esconde sus intenciones
detrás de la luminosa belleza de las estrellas.
Sabedor de mundos distantes, de dimensiones interpuestas,
de canales energéticos que me conectan con mundos paralelos.

Me posiciono en geometría piramidal,
con un tallo firme y bien plantado,
para expresar mi deseo y disposición a ser considerado,
un portal digno de la convergencia dimensional.
Un instrumento resonante que active dentro de sí
la luminosidad de las tinieblas, del vacío inmanente.

Sonido primario

¿Me escuchas?
Aquí estoy.
No puedes parpadear sin alejarte del plano existencial que
me circunda.
Tú, que habitas en muchas partes y en muchos tiempos.
Tú que, como espora, te dispersas en las múltiples realidades.
Andas geométricamente en composición y canto,
en vaivén y sonoridad.
¿Por qué no me escuchas?
Si eres el mismo sonido primario,
la misma partitura de la amplitud pronunciada.

Mi llamado es probablemente una minúscula parte de tu ser,
tan ínfima que se pierde en el oleaje continuo del canto
universal.
Mi silencio quizás es más grande que mis palabras articuladas,
más sonoro y contundente,
más elocuente y digno de ser escuchado por ti.

Así es como te percataste de mi llamado,
con un largo periodo de abstinencia de ruido,
mi mente y mis labios cerrados por el silencio,
mi verdadera escucha, activa y poderosa.

El retumbar de mi pecho,
con latidos marciales resuena en varios universos.
Entona la marcha del que no tiene pronombres
ni sustantivos adheridos a su esencia.
Acción pura y continua,
libre trascendencia del tiempo y el espacio.
Entonces no sólo soy escuchado,

sino invitado al origen creativo del silencio y el vacío.
Con la madre y el padre, en la esfera sin límites,
me encuentro con el no posicionamiento.
En el estado despersonalizado de lo propio,
como espora cohabito en múltiples realidades

Aquí estás.
Eres escucha, discurso y eterno murmullo,
aunque no portas nombre, ni cuerpo, notoriedad de un vacío silencioso.
En la ausencia de movimientos, fluyes en totalidad.
Justo entonces nace el tiempo y el espacio nuevamente.
Un pensamiento abre mi mente y vuelvo a sentirme separado,
ruidoso y confundido,
volviendo a partir el silencio con la duda y el reclamo.

¿Me escuchas?
¡Aquí estoy!

CAPÍTULO 2
TIERRA, CARNE Y POLVO, EL CUERPO DEL HOMBRE

Reflexión final de año

El sonoro fin del año, se acompaña de habitaciones elevadas y edredones blancos.

Una época que fraccionó mi ser en varias conjeturas unificadas a un solo concepto, la posibilidad inminente de morir.

Hace casi un mes dejé el pensamiento mortífero por uno más terrenal y básico, vibrar pasionalmente ante la realidad de mi despertar.

Estoy vivo, sano y joven, muchos sueños por delante me esperan, muchas campañas de autorrealización, de pulsión creativa, de estímulo por reconocer mis límites y ampliarlos a un estado que me exige disciplina y fuerza de voluntad.

He dejado de conectar con mi elemento viento, para convertirme en ventisca, en tornado, en sutil respiración activa, que inhala y exhala vida. Sin embargo, en este prematuro tiempo de vitalidad consciente, con frecuencia confundo la vida con el trueno, la noche con margaritas, lo bello con porciones diminutas de placer sensorial.

Este nuevo estado me exige elevarme, sentir lo mundano como perfecto, lo común como único elemento de trascendencia, el discurso con lo cual identifico mi energía como un libro en prosa en pleno desarrollo. Seguir tejiendo vínculos y relaciones, no sólo con personas, sino con circunstancias.

Vivir despierto, material, en movimiento y dinamismo. Sentir el frío mientras corro, sentir el calor mientras descanso, sentir la lluvia y el abrazo de mis personas favoritas, mantener mi mente sin tantas preguntas, mucho menos respuestas, simplemente operando, fluyendo en el tiempo espacio y en pequeños resquicios de sobriedad y saturación de vida fundida en el silencio de la nada absoluta.

Alejandro, vuelvo a portar mi nombre, vuelvo a recordar mi diploma de ingeniería y mi ocupación empresarial. Construyo deseos y necesidades egoicas para mantenerme vital y en movimiento.

Hoy anhelo ver un flamenco en Sevilla y sentir el cansancio en mis pies en el kilómetro treinta y cinco. Quiero adquirir propiedades y planear la vejez, quiero conversar con mi esposa y dejar latente ese espacio de discrepancia, quiero subir a una cima y respirar la pureza del aire montañoso, quiero entrar a un restaurante y descubrir platillos exóticos, quiero ver crecer a mis hijos y proyectar sus logros a mi ego paternal, quiero cultivar mi mente y embellecerla con una maestría en filosofía. Quiero ser un humano en toda la extensión de la palabra. Saber perderme para sentirme, saber sentirme para superarme, saber superarme para contribuir a un legado, material o imaginario… ¡una perfecta herencia discursiva!

Meditación Poema

Estética y dinamismo.
Geometría en movimiento.
Sonido que equilibra lo móvil y lo estático.
Vuelo del pájaro que muestra la belleza de los siete rumbos.
Gira y gira en ventiscas y laureles.
Con coronas de flores, se reina juegos infantiles.
Después de un tiempo se concluye lo iniciado.
Algo reseco y sediento.
Algo sensible y expansivo.
Me plantaré, con mallas de algodón y ciruelos, rodeando mi
espacio.
Existo en holográficas imágenes que nacen de mi frente
y hacen el llamado del espíritu del viento.
Frugalidad, quietud y esperanza.
Un baño meditativo para limpiar lo excesivo.
Un Gracias, para iniciar el día.

El ser en conserva

El estado disparatado del que nace virtuoso,
nunca cambia de aires ni horizontes.
Salvaje es presa de su sed.
Salvaje come las brasas de fuegos antiguos.
Porque las razones de su conducta
son cascos rotos sobre campos bélicos.
Así calla el que llama al cielo su amigo.
Así canta el que entre sus manos guarda oro.
Sin importar caricias ni momentos tiernos.
La sombría castidad del que se enjuaga el rostro.
No sirve de excusa para volverse inmortal.
Por eso labro con mis dedos las piedras de un destino
brumoso.
Por eso cargo con los deberes de un sol sordo.
Sin una verdad que haga comprender mi postura.
Sin un martillo que me haga un hombre articulado.
Me despojo y te despojo de las creencias vanas.
Mientras respiro esto que me hace uno.
Esto que se cuece por mis adentros.
Esto que me libera de la purga vital.

Que avancen los días sin importar las noches.
Que crezcan filamentos sobre flores marchitas.
Hacia un estado que pocos conocen.
Hacia una rara libertad que supera al sueño.
Sin miramientos, sin cobardía.
Con un sólo impulso… el fulgor de las entrañas.

Que radiante brille el que acumula bilis,
para así caer sobre su propia sepultura.
Muerte entonces al nacido virtuoso.
Muerte entonces al llamado hermoso.

Estrecho tu mano y te reconozco.
Miro en tus ojos mis propios temores.
Tu fuerza es vulgar, pero auténtica.
Mi pereza, sólo un vehículo de lo divino.
Así comulgamos en un rincón aislado.
Sin creyentes ni ofrendas falsas.
Simplemente, la palidez de nuestra piel y la fría acumulación
de años.
Honremos las escrituras torcidas de la naturaleza.
Bailemos ritmos profanos.
Que las brasas quemen nuestros pies
hasta sanar las llagas de un caminar civilizado.

Así el silencio y la mentira se abrazan.
Así el placer y lo divino conversan.
En lo recóndito, en lo inestable.
En lo partidario de grises olas y nubes negras.
El deseo de ser se ha comprimido en una lata.
Hoy lo sirvo sobre mesas de cruel sinceridad,
entre aquellos que se dicen evolutivos.
¡A tu provecho, querido humano!
¡Un poco de nosotros se ha servido en este festín!

Trinar

Luz y sonido se internan en mi recinto.
Trinar y amanecer atraviesan las cortinas.
Por alguna razón sonrío.
Por algún impulso reposo en gratitud.

La mañana y el canto de las aves dulcifican mis sentidos,
los consienten con hermosas vibraciones.
Aprovecho para respirar en un ritmo lento y constante
para disponer mi ser a una nueva jornada.
Que Dios bendiga este amanecer
y la vida que ocurre sin parpadeos.
Una vida llena de autenticidad,
de luz y aromas delicados.

Levedad segunda parte

Quisiera flotar y ser llevado por el mar.
Perderme en la vastedad.
Entre las olas, amar mis limitaciones.
Bajo las nubes, apreciar el infinito.
De sal y brisa, bañar mi cuerpo
y asumirme temporal.

Quisiera flotar y ser llevado por el mar
a confines inhóspitos y latitudes inexploradas.
Lejos del ruido y los saludos falsos.
Envuelto con miles de lunas
en la paz nocturna de la altamar.

En la habitación de un departamento de la calle Diego de León, Madrid, España.

Adicción castiza

¿Quién ha nombrado esta casa?
¿Quién ha puesto sus ideas en mi almohada?
Respiro las notas de muchos cantos
y con ellas la mancillada libertad del hombre.
Adicto al elemento vida, a su color y su textura,
camino comprando horas, camino posando escaparates.

No me acostumbro al olor del olivo,
recrea un paisaje interminable de amaneceres cautivos.
Mi retumbado eco interior se levanta
como queriendo acariciar la subjetiva línea de lo literario
para escribirse con sonetos y adornarse con cantos.
Impregnado de vida, de esa vida adictiva que ríe y que llora.
De esa que aleja las sensibles notas de un sueño profundo.
Aquel que se ruboriza por el paso de ángeles
y encuentra tortura en la eterna condición del cielo.

Ando caminos y moradas, reinos de pasto y jamaica.
De especias amargas y perfumadas.
De trinares y húmedos reparos.
De un cuerpo articulado de sentidos,
hambriento de vida, de sal y pasta.
De historias encontradas en añejamiento y conserva
para servirme de ellas con buen argumento.

Vida que intoxica y que me arraiga fuertemente a latir y
respirar.
Vida que amarra con fuertes nudos la calcinante condición
de mi humanidad.
Entiendo la faena y al toro, entiendo al vino y la sangre.
Soy sujeto de un acordeón engrasado con vida.
Soy carrizo y piedra, sabor y olor.
Me estremezco al pensar, me estremezco al imaginar,
y aún con esa sensación inhalo vida,
como bramante toro que se prepara para la corrida.
Aquí estoy, lo he dicho un centenar de veces,
repleto de vida y completamente solitario y bravo.
Ven a buscarme, enséñame a ser tornado.
Cuenca de un río o alborada del horizonte.
No más limitantes, no más prisiones,
que la vida me corrompe y me distorsiona.
Mi poco entender, me lleva al precario mendigar del
tiempo.

Ungido en romero y aceite,
cierro los párpados y busco dormir,
pero la sobredosis vital se extiende hasta altas horas
dando muestra de su dominio y de mi delirante condición.
Soy adicto al aire, al sol y la mañana,
¿cómo podré así conquistar mi trascendencia?

Nota de viaje

El tren se dirige de vuelta a Madrid. A nuestro paso hemos descubierto recintos antiguos donde se escribieron historias que marcaron épocas. Contemplamos los hermosos vestidos sevillanos de aquellas mujeres que honrosas portaban su abanico. Bebimos vino, comimos jamón y queso, cantamos al caer la noche rondas de flamenco.

Nuestros hijos corrieron por paseos y se bañaron en las frías playas de Málaga, sonrientes y algo irreverentes conversaban con lugareños y hacían juegos.

El viaje casi termina, me ha dejado muchas alegrías y nuevos compromisos, me siento fuerte y decidido a construir nuevos puentes que me sigan recordando que vivir es algo único y hermoso.

Poema del optimista

No puedo existir más allá de una rosa.
No puedo ser más allá de un canto.
Siento el cielo oscuro más cercano.
Siento sus nubes envolverme con cuidado.

Acaricio con mi vista las alturas,
su profunda naturaleza aviva mi alma.
Qué hermoso retrato de una promesa,
qué singular sabiduría distingue el cielo.
Más despacio y calmado que ayer,
más vivo y opulento recibo las mañanas.

¿Dónde están las castas perdidas de hombres venerados?
¿Por dónde caminan sus cuerpos erguidos?
Senderos que marcan ondulaciones
hacia un lugar indefinido por el espacio.

Busco sombras en horizontes,
busco sonidos que entiendan de magia.
¡Hablen aves de vuelos de altura!
¡Hablen vientos de frías cumbres!
Despierten mis ganas por explorar.

Anda, ven y camina conmigo.
Anda y amanece en tierras lejanas.
Asistido por las múltiples fragancias de aquellos campos
que brindan gracias y sabios silencios.

Meditación

El ave de cabeza roja me miró. Probablemente el fénix o el fenghuang. La posición de mis manos mientras medito conserva un gran simbolismo; la derecha, palma al cielo, reposa sobre mi muslo interno cercano a la rodilla. Mi mano izquierda, palma abajo, reposa en el contorno del muslo interno cercano a la rodilla.

El equilibrio, manifestación de Shiva. El fuego creativo que nace en mi palma derecha, capaz de construir. El estado aterrizado de mi mano izquierda, elimina lo excesivo y conserva lo prudente.

Soy consciente de que el equilibrio no es estático, sino que rota en círculos.

Vigilia en el desierto

Cuando sobra la palabra,
cuando se abusa de la excesiva pronunciación
o cuando se aparenta orden en la expresión,
se menoscaba la propia esencia de Dios.

Siento mi abdomen agotado y con ardor.
Siento mi boca y garganta avergonzadas
y con ganas de estar en silencio.
Me doy cuenta que sigo sirviendo a aquello que mutila.

¿En qué sentido mi experiencia vivencial se expresa de
forma coherente?
¿Estas desviaciones coloquiales me aportan algún
beneficio?

Camino de piedra,
mojada superficie que nutre mi planta.
Horizonte nuboso,
retrato de un paisaje anhelado.
Sigo estando volcado en las tinieblas
armado de papel y sarro.
Oyendo a la distancia poesía,
mintiéndole al espacio vacío.
No soy semejante ni extranjero,
no soy cáliz ni incienso.
Palabras que nacen del absurdo.
Sigue el camino, cruz y sacrificio,
alborada y fin.
Fuego condenado a la divinidad.

Mi hermano confirmó su nombre

Hoy al sentirte supe que no eres Alfredo, tampoco Ulises. Estos nombres son acotados para lo que fue, y es tu aportación a la familia.

Alfredo por un lado expresa la relación patriarcal consanguínea, el deseo de una adolescente por soñar ser parte de un idilio amoroso, de una falsa protección, de un reverenciarse a través del otro como una amada a medias. También expresa la postura egoísta de un padre que busca extender su ser en su primer hijo varón. Un encuentro social y moralmente mal visto, pero que sustenta en gran forma la alianza fundamental de nuestra familia.

Por otro lado, Ulises es un nombre que te sitúa en una aventura infernal, como un extranjero que viene a dar sentido y esperanza a la reciente falta de tu abuela. Es un ir en contra de la postura egoísta que te referencia con tu padre, es crear en tu ser una epopeya que tiene un final trágico. Es la ilusión de tu abuelo por el ideal de un niño aventurero, pero que en ese carácter te arrastra a una contienda abrasiva.

Tu verdadero nombre es Jesús, aquel que nuestra madre sintió al tenerte en su vientre, aquel que, en plena extensión de significado, expresa lo que fuiste en vida, un regalo divino que sacrificó su vida por una alianza bella y hermosa, un ser que ligó cuerdas emocionales y espirituales en el bagaje de dos familias distanciadas por dogmas y frecuencias vibratorias. Una comunión que sigue vigente y de la cual nació un legado de seres hermosos, de seres conscientes y cercanos a Dios. De arena y sal nos forjamos con tus latidos y comenzamos a esbozar el hermoso mosaico del simbolismo de tu vida y de tu eterna existencia. Hoy nuestros padres, mi familia y la familia de mi hermana comenzamos a dar forma al hermoso mosaico de tu vida; como piezas de rompecabezas que se entrelazan para dar vida al hermoso y completo significado de tu verdadero nombre: Jesús.

Gracias, hermano, por ese nombre tan bello que da muestra perfecta del sacrificio de amor que diste por nosotros. En especial por mí; sin ti yo seguiría siendo arena y polvo. Una pieza de rompecabezas aún en su caja.

Encuentro

Amigo, camina a mi lado. Hermosos senderos accidentados se extienden por cientos de kilómetros. Podemos contemplar bellos amaneceres y flores multicolores, podemos dejar huellas sobre veredas lodosas o afianzar nuestra postura en caminos rocosos. Escuchar el canto de aves y ser cubiertos por la bruma matutina, sentir el frío de las elevaciones y la humedad de las cañadas. La lluvia nos refresca del sol, y el sol nos da nuestro rumbo. Podemos sentir el cansancio y la lejanía, pero también la fuerza y el clamor de la conquista. Nos abrimos paso entre valles y nuestras mentes dejan entrar la magia creada por pastizales y lagos. Respiramos aromas primarios, recordando así nuestra composición terrosa.

Caminos extensos que contrastan con las acotadas calles de las ciudades que vamos pasando, nuestra gestada condición humana nos hace apreciar los altos edificios, pero añorando en silencio la montaña. Así dejamos atrás a las masas, para servir al silencio del andar solitario, que abraza la confianza de un peregrinar, de una búsqueda y de un encuentro.

Amigo, te reconozco en tus pasos firmes y en tus dudas nocturnas. Eres reflejo de mi propio semblante que en acallado estado te escucha cuando el viento sopla, y te contempla cuando las estrellas forman el mapa celeste. Sigo andando, no sólo por caminos, sino por tiempos, por el continuo transitar de los días. Haciéndome viejo, haciéndome sabio, acuñando vidas y memorias, relaciones eternas que me ligan de nuevo con mis semejantes.

Alma de niño, sentir profundo que nace cuando hallo sombra debajo de un pino. Estoy en el juego de la vida, en el profundo encuentro con lo divino. Quiero seguir jugando, quiero seguir andando, ya no en solitario, sino con el cantar de muchos, que reconocen la frescura de los campos en verano. Una comunidad febril que te sabe amigo, y te vive plenamente. Un movimiento poderoso que hace del camino un motivo y del andar una sonrisa.

Así vuelvo a la ciudad, con ganas de abrazar a mis hermanos y descubrir en el concreto la hermosa separación del hombre y su Dios, de iniciar con su búsqueda. De reconocer que siempre ha estado ahí, en el punto de partida. En el centro mismo de su corazón vibrante, en su bella condición humana capaz de dudar, capaz de negar su existencia, para así experimentar conscientemente la sublime poesía de una vida libre.

De un encuentro, de vivir a Dios a través de la experiencia de separación, búsqueda y reencuentro.

Hombre polvo

Seco, cercano a ser polvo,
manifiesta vulnerabilidad,
manifiesta sincronía con la hora nocturna.
Se recicla.
¿Quieres ser mierda batida en barro
o polvo estelar?
Ambos caminos son auténticos.
Ambos caminos conducen a lo divino.

Soy polvo,
soy polvo y arena que se esparce
aunque en mi abdomen se concentra lodo pesado
que me animaliza.

Sequedad, sutil cercanía a la muerte.
Sequedad, vitalidad escasa,
vasija formada por el sol y el aire.
Vulnerable recipiente vacío
que espera a Dios hecho agua, hecho humedad y frescura
sin dejar de ser polvo acumulado con forma.
Residual de una intención, de un canto,
de la misma palabra, «Amén».

Hombre desértico,
que aprendiste a andar con escasez.
Margen de lo vivo, margen de lo muerto.
Casi polvo, casi arena del desierto.

En la noche, la luna pasa desapercibida.
Prefiere el cielo oscuro,
manto negro que cubre su cabeza.
Acompañado, aunque distante, de seres peregrinos
que dejan tenues huellas momentáneas.
Siguen al Este, con ilusión de ver salir al sol sobre las
montañas.
Aunque en la tierra seca, difícilmente hallamos ángeles,
encontramos algo más preciado:
Nuestro tiempo hecho polvo.
Nuestra carne hecha arena.
Nuestro ser en su forma original.

Ignorante, ignorante,
caminas sobre aceras de cemento.
Entre altos edificios y luces rojas que te exigen detenerte,
llamas cuadrantes a tus pequeñas conquistas
y libertad el acceso al vigésimo piso de un hotel de moda.
Has construido de ti mismo una morada
a base de cal, ladrillo y mortero.
Sal a recibir el sol.
Sal a sentir el viento.
Humedece tu sequedad con lluvia.
Vasija de barro.
Reloj de arena.
Ave de fuego.
¡Hombre polvo!

Alejandro López

Gorila portador de flores (El transmutar de lamentos)

Veo debajo de mí, la angustia de muchos seres.
Veo el color opaco de lamentos.
Veo lánguidas almas revolcándose sobre el piso.
Siento su autodesprecio.
Siento la tristeza y lucha de centenares de años.
Veo cómo las esencias elementales se alimentan de la
necesidad.
Me convierto en succionador del malestar,
un ser siniestro que absorbe la miseria.
Disfruto de la penumbra y de las larvas.
El mismo sentir de saber que del suplicio emerge la gracia.
Vivo siendo ángel, sapo y demonio.
Vivo cortando sueños y comiendo soledad.
Vivo sonriendo cruelmente ante los raquíticos seres
que gozan de la autoconmiseración.
Trago y escupo sus quejidos.
Trago, mastico y expulso sus pesares.
Camino entre los restos de seres hundidos en su lucha.
Brindo luz al verdaderamente necesitado.
Caliento su pecho y su cansado espíritu.
En mis manos se gesta la esperanza.
Un cuadro piadoso,
un macabro cuento de liberación.
El espacio vacío que nos separa.
El divino espíritu del encuentro.

Es ahí donde entre sombras y lamentos, se esconde Dios.
En la creación de puentes que rompen muros.
Que rompan murmullos y corazas.
Me sirvo al suelo y a limpiar mi rastro.
Me sirvo al movimiento de trapear mis heces,
ser celeste hecho trapo.

Partimos de Skid Row
con retratos junkies y sequedad visual.
Flores hechas gorilas.
Mi empatía, un vampiro energético,
consagrada en el silencio profundo
de las preguntas adecuadas,
de los retratos catárticos de seres en liberación.
Suena el tambor y con ello los cantos.
Suenan las estrellas y la oscuridad.
Sabedor del cielo y del infierno.
Sabedor de la purga colectiva.
Fumas tabaco y con ello renaces.
Hueles alcanfor, y caminas descalzo,
sobre el pasto húmedo de la madrugada.
Estás vivo, en la tierra enraizado.
Servidor de tu planeta.
Misionero, caudillo, humano caminante.
Atiende y sigue sirviendo.
Aunque duela el rechazo y devore el ego,
hazte ligero para saber flotar.
Hazte pequeño para no ser idolatrado.
Hazte flor y transmite belleza.

Ometéotl.

El padre tiempo

Prisionero del tiempo.
El cuerpo funge como manecillas.
Vaivén energético.
Tictac de un simulado encuentro.
Física fortaleza que viaje con los años.
Antepuesta sinceridad inspirada en nuestros hijos.
Haz de luz, vallas físicas,
como grandes estructuras erguidas en silencio,
en soledad, en lejanía.
Tótem sombrío que muestra varios rostros.
Uno de ellos futuro, otros tantos pasajeros.
Alpiste y migas.
Caricias perdidas en la noche
como estatuas cansadas,
como olas negras.
Las miradas se distinguen entre nubes grises.
Las verdades, mañanas escondidas, en poéticas canciones.
Atraviesas la realidad esférica.
Te haces un ser oblicuo.
Con pelaje y piel dorada esperas al tiempo.
Felino vagabundo, viajero errante.
Háblame de Dios.
Háblame de aquel espacio,
sabedor del mito, extraño lenguaje en muros plasmando.
Nunca es tarde para pedir por ellos.
Para servir mi cuerpo al flexible doblaje de las intenciones.
Eje umbilical, cabeza y pies oscilantes,
partiendo el mañana sobre la derecha.
Escuchando reflexiones.
Leve golpeteo del caer de los frutos.

Adorno básico del fluir de la vida.
Carta escrita por mi mano obstinada.
Con letras rojas pronuncio mis latidos
que cantan radiantes el himno de mis tres niños:
Alex, Andrés y Elena, mi tiempo anclado al cuerpo.
Mi aire vital, mi guía estelar.
Por ustedes los segundos cuentan.
Por ustedes los años me hacen sabio.
Por ustedes mi cuerpo cronos camina certero.
Haciendo el viaje del héroe, del mago, del misionero.
Abro mis brazos para recibirlos.
Abro mis palmas para unirme a su encuentro.
Pura magia, pura compañía.
Dios es generoso con mis pies, con mis ojos y mi pecho.
¡Los ha traído hasta aquí!
Los he vivido.
Dios bendiga su vida, su color, su risa.
Por ser viajeros temporales,
por ser tripulación contemporánea.
En el engranaje de mi ser,
la paternidad da vida al movimiento.
Que es tiempo y es verdad.
Que es amor hecho descendencia.
Que son ustedes y yo convergiendo.
¡Qué así sea!

Sanador

Escucha bien, se ha acallado el ruido.
La sed se ha hecho fuente, las rosas ofrenda.

Millones de seres en desamparo,
en situación de calle.
Viviendo entre larvas y gusanos.
Cubiertos de harapos y pasando frío.
Cuánta tristeza, cuántos rincones olvidados.
¿Dónde está la femenina esencia del cobijo?
¿Dónde la luz y el calor?
Lánguidas manos, raquítica alma
es extraída por seres hambrientos.
Abrázame, hermano, y enciende mi vela.
Las noches en Manhattan me dejaron vacío.
Sentir la sed y el morbo de absorber miseria.
Permeó mi ser con grietas.
Hablan mis manos ancianas, como viejas mendigas de los
días pasados.
En el maltrato del repudio y el desamparo, pido por ella.
Y me asquea el sabor de su callado ser.
Siento su rabia reprimida y su bozal autoimpuesto.
Siento el amargo estado del callar las emociones.
No puedo escupir la condena, no puedo ayudarla.
Mi lengua absorbe la soledad de sus labios secos.
Y las palabras enraizadas que se han podrido en su garganta.
No hay peor coraza que aquella que no deja salir las bellas
notas de un te quiero.
No hay peor silencio que el de un alma en refugio.
Temerosa de ser herida por la vida.

Entonces salgo al pequeño cementerio.
Aún con brea y pestilente sabor en mi boca.
Escupo los restos de su condena.
Sepulto la distancia entre su corazón y la hermosa palabra
gracias.
Observo su tumba, un pozo profundo y negro,
con anélidos seres que dan cierto oleaje a la tierra.
He presenciado su muerte.
He llorado su triste partida.
He sanado su pecho al escupir su rabia.
Observo al cielo y presencio lo eterno.

Ya cobijado por la luz y en un entorno más cálido,
siento al felino y al extranjero.
Veo la luz hermosa atravesar mi garganta
y comunicar la bella simplicidad de una existencia libre de
juicios.
Mi silencio es capaz de emanar diálogos profundos.
Mi nombre es condecorado con el sufijo *healer*.
Sanador de hombres y limpiador de suelos, de huellas y
caminos.
Ronroneo y veo la hermosa silueta de mi maestro y su perro
guardián.
Aquí estoy, comunicándome con seres distantes.
Absorbiendo sabiduría.
Emanando luz y decodificando su lenguaje.
Para servirme a un nuevo periodo de oscuridad,
mismo que me dispone a ser canal de servicio para el afligido,
que concentra lodo en su abdomen.
Mucho pesar que está atascado en sus entrañas.
Se infesta mi boca de su podredumbre
y vomita dolor acumulado.
Un dolor pesado y perezoso.
Un dolor estancado y con olor fétido.
Salgo al jardín para liberarlo.
No del todo, solo contribuyo a que se sienta un poco más
liviano.

Con lágrimas recibo a Jesús.
En paralela sincronía con su llamado misionero.
Con su peregrinar y sus noches en oración.
Comprendo su condición de hijo de Dios
y su dura batalla por servir a su llamado.
El sacrificio de entregarse al otro,
la belleza de adoptarlo como semejante.
El fino encuentro con la inclusión,
con la expansión del ser más allá de la individualidad psíquica,
la hermosa unión con lo divino.

Al final de la noche, el felino humano abona el terreno.
Con esperanza, agradece a la tierra.
Ha sembrado sus siguientes pasos.

Catorce años dos meses y diecisiete días

Quisiera comprender el callado andar de tu ser.
Quisiera poder encontrar las llaves de tu cerradura.
Te observo distante y amurallada,
con la esperanza de construir un puente que nos permita aproximarnos.
Acá en la distancia, desde mi sitio en las praderas,
observo tu belleza cautiva en una torre inalcanzable.
Los vergeles me rodean formando sombras y verdes pardos.
Siento mi ser absorbido por la espesa vegetación.
Cada día nuestras almas se alejan sin siquiera movernos.
Es como si el espacio entre nosotros se profundizara al infinito.
No podemos reconocernos.
La profundidad de nuestra distancia es tal, que encorva el espacio,
formando así, una extraña dimensión de lo imposible.
Ya no es cuestión de amor, ni de un andar en compañía.
Ya no es una entretenga corporal, ni sentir el sudor de tu blanca piel.
Es más bien experimentar la posibilidad
de superar nuestras frustraciones y miedos.
Es divisar que en el abismo están nuestros sueños de libertad.
Hace poco contemplé tu tumba, y dejé flores en tu eterno reposo.
Aunque sigues viva, mi alma sepultó nuestros viejos recuerdos.

Ya no soy el mismo, ya no eres la misma.
Seres irreconocibles, galaxias espirales repelentes entre sí.
Existe la añoranza de una tregua, de un sutil perfume, de un
bello «te quiero».
Pero la confianza mermada y el corazón enjaulado,
han fracturado nuestras líneas concordantes.
Somos y vibramos en planos distintos,
como si viviéramos vidas alternas en un mismo techo.
Cohabitamos, pero estamos a años luz el uno del otro,
como dos fotones perdidos en el tiempo y el espacio,
como dos pequeñas esporas arrastradas por ventiscas.
Tu latido vagamente resuena en mi pecho,
tus manos han cambiado su textura.
Ya no sé a qué saben tus labios,
ni a qué astro tus ojos dedican sus noches.
Una pequeña porción de tiempo
fue la que realmente duró nuestro encuentro,
nuestra comunión, nuestra gracia.
Nos quedan centenares de años y muchas vidas por
delante.
¿Qué tan relevantes hemos sido para el despertar del otro?
No lo sé, quizás minúsculos granos de sal en el vasto
océano.
Quizás una breve obra de Dios para encontrar nuestro
norte.
¿Qué tanto soy para ti, qué tanto eres para mí?
Simplemente me remito a observarte desde el prado,
en silencio, con gran respeto por la enorme estructura que
has construido,
para alejarte del miedo de coincidir conmigo.
Soy un ermitaño entre el bosque, y un fauno en las
madrugadas.
Arraigo sueños y fantasías
para serenar la distancia de un amor aventado a sombras.
Entre pasos descalzos y con unos ojos que ya no se dilatan,
he aprendido a serenar mis impulsos.

He aprendido de la fragilidad y de la honrosa vulnerabilidad
del hombre.
Soy delgado, más no raquítico.
Soy pequeño, más no miserable.
En mi equipaje guardo fragmentos de mis encuentros con
Dios.
Recordatorios de mi fe. La capacidad de sentirme
acompañado,
pese a la realidad solitaria de mi ser errante.
Amo los frutos de nuestro encuentro,
amo su vitalidad y su aroma.
Seres hermosos que me recuerdan
que en la sencillez de la niñez está la magia y la apertura.
Vagamente puedo nombrarme propietario de algo.
Mucho menos de vidas que no me pertenecen.
Soy más bien un utensilio práctico para el bienestar de
nuestros hijos.
Un cometa, y un trapo
que en su andar busca limpiar las huellas,
de una existencia con partituras inconclusas.
Me ha sido grato conocerte, al menos la pequeña corteza
de tu grandioso ser.
Mis brazos no pudieron abarcar tu sagrada alma.
Ni mi voz pronunciar con franqueza la verdad de mi
admiración por ti.
Ya no busco luchar por un imposible,
ni frustrarme por el idilio de una bella historia.
Solamente me sirvo al momento de ser nativo del vergel,
observador en silencio de nuestro cauce,
que es corriente divergente y cruzada.
Que Dios siga bendiciendo tu vida.
Que tu sonrisa siga refrescando muchos rostros.
Eres medicina para muchos afligidos y fuerza para almas
confundidas.
Que tu bello nombre haga honor a quien eres: «Teresa la
cazadora».

Del amor de María la Virgen Madre

Una caricia llena de fragancia, de sencillez.
Aquella que no busca pronunciamiento.
Aquella que avanza delicada sobre ondas de ternura y
compasión.
Un bello canto, una bella morada que en el sutil silencio
halla ligereza en su dulce roce.

A varias millas, escondido de lo mundano,
con los bolsillos vacíos y el corazón enraizado.
En postura meditativa, observo deslizar el viento entre la hojas,
coloreado de distintos tonos de verde,
en una hermosa figura de saciedad.
Varios poemas rodean mi cuerpo.
Varias mañanas me visten con luz.

Una caricia que rompe cadenas.
Una caricia que más que táctil es sonora,
como murmullo que nace de un vientre,
como arrullo en las noches sin luna.

Me dejo abrazar, me dejo sentir
y en las hojas resguardo mis miedos,
y en las ramas cultivo mis fortalezas.
Soy árbol, soy sereno,
soy un puente de luz en el pasar de las olas.

Una caricia que penetra mi alma,
una caricia que canta la escala divina.

Ante la proximidad del crepúsculo,
mi pecho abriga su textura aterciopelada, boscosa, y tierna.
Para esperar la noche con compañía,
resguardado de la única soledad,
la de un corazón viejo y abandonado.

Una caricia que me arropa en su seno
y me llama hijo mío.
Una caricia que es estrella y manto,
agua y amor cultivado en manantiales profundos.
Una caricia que da vida, gracia y simpatía por lo simple,
que hace de mis pasos un salto y de mis manos un abundante festín.

Gracias madre por tus caricias.
Gracias brisa por tu humedad.
No me sueltes, aunque parezca maduro,
aún requiero de tu sagrado néctar.
Dulce tiempo para crecer.
Dulces caricias
que hacen de mi existencia
un bello fruto para compartir
en la mesa de una vida plena y entregada a Dios.

Virgen María: en ti confío, ¡en ti deposito mi ser!

Amén.

En blanco

¿Acaso deambulo?
¿Acaso el tiempo ha cambiado su forma?
¿Dónde está su aroma, dónde está su color?
El agua hirviendo da un ritmo.
La miel, un sutil olor;
pero en discordante simultaneidad de eventos
mis ojos nublan el verdadero acontecer.
Hay tanto ruido que apenas puedo escuchar la melodía
vital.
Fuera de tiempo, dirigida por frágiles hilos,
por estambres que se arraigan en suelos estériles.
La realidad se ha fragmentado y con ella ha perdido su
gravedad.
¿Cuán ligero y efímero me he vuelto?
¿Cuán vagabundo es mi sueño?
Terruños de sal, vientos que afilan las curvaturas existenciales.
Extrañas criaturas que se dicen libres,
sin argumentos sólidos que las sujeten,
son esporas inertes en el espacio.
Ahí está la caricia de un rayo de luz.
Ahí está el canto de un cenzontle.
La magia contemplativa de la vida
que sigue su ritmo, sin importar la voluntad del hombre.
¡Despierta, mi hermano!
Y libérame de esta ligereza.
¡Despierta, mi hermano!
Y alimenta mis huellas con la poderosa narrativa de una
historia.

Estoy ávido de un pasado, ávido de un porvenir.
Una duración que sea marcada por pausas y bombos,
con silencios concluyentes y notas alusivas a un comienzo.
¿A qué sabe el silencio?
¿A qué la distante vereda?
Sin tiempo, a simple papel sin cuentos.

Anverso

Me gustaría ceñir mi cuerpo con túnicas.
Volverme serpiente y enroscar mis pies.
Abrir la mente, las celdas confusas de mis pensamientos.
El camino oscuro y angosto, que me lleva a donde soy
llamado.
Lo observo, más no lo ando.
Mi alma es un portal suscrito en cruces.
A lo maligno le llamo coerción.
Todo aquello que irrumpe la paz.
Puedo esconderme del amo temporal.
En un rincón enmohecido y desolado.
A oscuras medito, sobre espacios carcomidos.
Sobre tiempos interpuestos.
Sobre sollozos y lamentos.
De aquellos que mueren en guerras.
De aquellos que se venden al portador del vicio.
El mundo se desmorona.
El tiempo se acumula y no fluye; está virulento y enfermo.
El hombre lo ha transformado en musgo y brea.
¿Qué es lo divino?
¿Qué es el canto que entonan los iluminados?
Aromas distantes de un Dios que acoge.
No hay luz, por tanto no hay sombras que nos aten.
Ni cuerpos que ajusten nuestro semblante, al imperativo carne.
El espacio inerte sin tiempo, sin morada.
Sin conclusión alguna, sin principio.
Eterno anverso del verbo ser.

Sin sentido

Cansado de versos,
más bien con poca imaginación.
Siendo básico y ordinario,
tapas, calles, circundado.
La bajeza es el rey.

Buscando recordar los quince,
con holanes y sillones de terciopelo.
Tardes en alturas,
cuerpos sintiendo libertad…
Basta de limitaciones.

¿Qué es regresar a casa?
¿Qué es esa falsa quimera?

Tapa mi cuerpo, cubre mi mente.
Seguimos ondulados.
Seguimos sobre asfalto.
Seguimos secos, castigados.
Oliendo mierda industrial.

Mañana será desconsuelo.
Hoy demencia.

CAPÍTULO 3
AGUA, MEMORIA DEL MOVIMIENTO, SENDA DEL PLACER

Marioneta

¡Marioneta!, se dijo a sí misma.
Estrella sujeta por hilos de plata.
Acordes, sonidos primarios de un sutil existir.
Baila esbozando un florido anhelo.
Baila en busca de su libertad.

Entre luces y oscuros rincones,
entre estambres y agujas,
borda su estampa en textiles.
Marioneta de un pasado.
Marioneta de un vacío.
Espacio abierto que sirve a la danza,
agita las manos y retumba su paso marcado.

Ante la pasión que exhala su cuerpo,
ante el hermoso compás de sus latidos,
abre los ojos y se percibe marioneta.
No de un baile, no de una danza,
sino de su propio ser cautivo y lleno de interrogantes.
¿Quién es ella?
¿Qué la sujeta?
¿En dónde ha estado todo este tiempo?

La música hace una pausa.
Su pecho un profundo respiro.
Se ve a sí misma a través de los ojos expectantes.
Se ve a sí misma colgada, ausente y cansada.
Famélica de libertad, de movimiento.
De profundos sonidos barrocos.
De lluvia y viento.
De fuego y tierra.

De un horizonte ya no circular, sino esférico.
De una rumba y un flamenco.
De un vuelo.

Sus tacones empiezan a golpear.
Las cuerdas y percusiones hacen lo propio.
Se humaniza, y a la vez, se desprende del ruido inherente a
sus miedos.
Está bailando.
Está vibrando en el color emotivo de su propia verdad.
Los hilos se vuelven seda que arropa su cuerpo.
Confeccionando la hermosa luz de su ser en júbilo, en
éxtasis, en plenitud.
Es ella y siempre ella.
El tono básico del sonido.
El espacio perfecto de la nueva nota.
El movimiento hecho magia.
Hecho danza, hecho terciopelo.

Silencio infinito.
Silencio que nace del movimiento y el ritmo.
Silencio que traspasa la dimensión espacial
y eterniza su silueta en el vacío consciente.
Ha quedado plasmada.
Ha roto su sombra.
No hay luz, tampoco oscuridad.
Simplemente vacío y neutralidad.
…
Por la puerta muy en el fondo,
más allá del escenario,
se esconde un bello canto.
La tierna niña yace encogida.
Deseosa de abrazo.
Deseosa de amor.
La ilusión de un amanecer.
Mancillado por eso que llamamos identidad.
El corte certero del tiempo

que rompe la conexión con lo eterno.
Habita entre hilos,
pero ninguno la une con lo esencial.
Ha olvidado quién es.
Se ha sujetado a un nombre,
a un cuerpo, a un sustantivo común.
La niña se he hecho un alguien y ese alguien la tensa,
la desprende de su morada.
¡Marioneta!, se dice por primera vez.
Marioneta sonriente en aparente paz
Subiste queriendo agradar, sin terminar de agradarse a sí
misma.
Un estandarte impuesto.
Una prisión dorada sin cerraduras.
La duda gestada, sorda y contrariada
de vivir con un supuesto propósito,
pero en soledad y desamparo.
…

Baila, baila y consigue sanar.
Baila, y rompe los hilos del prejuicio del yo minúsculo.
Baila, e hilvana tu ser con lo que no tiene nombre,
con tu rostro, reflejo de todos los que te observan.
 Que tu aliento se funda en lo divino.
 Que tu ser vuelva a casa,
a la bella morada de la inocencia,
al cielo colorido de ser uno con Dios.

Gira, persiste girando.
Tu cuerpo es la obra maestra de tu pulsión vital.
Más allá de un nombre,
más allá de un sustantivo.
La noche se mezcla con el día.
El sudor con tu suave piel.
Estás viva, ¡estás despierta!

Así termina el acto y con ello su somnolencia.

Pasión

Del tamaño de mis miedos es mi equipaje.
Del tamaño de mi sombra es mi apego.
El río canta con su cauce himnos oscuros.
Mis ojos contemplan en la penumbra un único rostro.
Son ellas una misma deidad.
Son ellas el baile y la distancia.
Son ellas la risa y el desprecio.

Mi antecesor pudo servir a dos verdades.
Mi redentor esperó la muerte para cavar su tumba.
Yo que latente juego a lo desconocido.
Yo que artero escarbo en morena carne.
Hago saber a mi corazón las tardes de vigilia.
Hago saber al cielo mi cabeza al descubierto.
Porque ya no ando entre morales falsas.
Porque ya no escribo versos ortodoxos.
Juego al héroe y al villano.
Al placer escondido en el sutil misticismo.

Mi querida tierra, mi querido llanto.
Pálida y rojiza acecha la feminidad.
Cuál felina hambrienta, cuál bravía estrella.
Cautiva prisionera de la voz patriarcal.
Se aferra a cadenas y a sueños imposibles.
Yo la observo en el matiz de dos cuerpos,
de dos voces, de dos profundas miradas.

Caverna, entumido ser.
Diminutas manos, diminutos dientes.
Te escondes del reflejo y de la luz.
No concibo estar guardado entre mampostería de una obra
inconclusa.
Me he cansado de decirte amor.
Mi pecho resiente el olvido.
Mis brazos han sabido orar.
Más, famélicos de materia,
se agarran fuerte de peldaños elevados.
Y así, en posición colgante, silencio mi ser al murmullo de
mi respirar.
Para no sentir más que el liviano latido de la vida.
Perderme en su ritmo, y en su compás.
Y allí, hallarme unido al hermoso olor a tierra mojada.

Bellas flores de primavera.
Bellos sarmientos que dan vid.
Soy el soplo del viento y el rocío matinal.
Soy el atardecer de una vida.
Soy el mañana de un prometedor descanso.

Cuando te busque y me reconozcas,
verás que sigo cargando varias pieles.
Porque mis miedos siguen
y mis ganas de andar continúan.

Paternidad

El silencio del padre me hace recordar el murmullo del viento en las montañas. La imagen de una sombra acumulando horas, que seguramente se tornará listones enredados en las ramas. Saber guiar es un arte, sobre todo a aquellos a quienes amamos. La libertad y el límite siempre están en lucha.

Dime, mi querido árbol, ¿cuántas raíces debes tener para sostener a un hijo? Dime si mis hojas lo opacan o mi corteza lo separa de su ser sensible. La vida que pulsa en su ser es efervescente, como lava hirviendo de un volcán. Su rugir reclama espacio, su calor exige ebullición. Pero no siempre trae cordura, no siempre trae gracia natural por servir al canto vital que nos une.

¿Quién soy para su entonado canto? ¿Un oyente? ¿Un afinador?

En las profundas aguas de mi corazón, las agitadas olas de su tempestad hacen estragos en mi pecho, que quiere abrazarlo, sin equivocar su firmeza. Admiro el flujo de su despertar, de su desarrollo hermoso, que punza reconocimiento, que grita libertad. ¿Qué hay de soltar su mano y condenarlo a un mundo enfermo? ¿Qué hay del tifón que encrespado arrase con lo armonioso? Me gusta ver su pronunciamiento, me gusta ver su espíritu combativo; aunque infante, combativo.

Los hilos que nos unen, las bellas notas que hemos compuesto, son un bosque vivo donde se alberga vida. Noches que hacen despertar a murciélagos y mañanas que traen el vuelo impetuoso de los colibríes. Mis hijos están creciendo, nuestros lazos se extenderán por varios metros. Permíteme entender su belleza natural. Permíteme confiar en el sol que se levanta. Estanque cristalino que refleja pasos juveniles. Memorias de mi adolescencia, que marcan registros de un madurar temprano. Escucho y callo, observo y cierro los ojos para saber obrar sin juicio, pero con amor.

Bosque y montaña, hónrenme con su palabra, que ella se extienda en mi voz; para así decirle a mis hijos palabras certeras que no frenen su vuelo, palabras que fortalezcan su tallo, palabras de un padre.

Flor en cautiverio

Cien noches seguidas escuchando llantos.
Una mitad de mí está muriendo.
Ella, reprimida silueta de un corazón entristecido.
Ella, la llamada atenta del grito contenido.
Al orar siempre elevo rezos por su bienestar.
Mis manos en plegaria, traen el calor de un espíritu sanador.
Mi querida compañera, te has aprisionado.
Tu luz se ha vuelto celosa y tu voz crueldad.

En la mirada de un cuervo

Contemplo como un cuervo desde las alturas.
Mi plumaje negro brilla intenso.
El haz de luna con colores plata, adorna mi vuelo.
La oscura quietud que en la montaña se observa
da la sensación de un luto silencioso.

Con aleteo firme y coordinado, extiendo el aire.
Lo hago vibrar, lo hago cantar silbidos antiguos.
Soy un ave libre, un ave carroñera.
De carne y huesos me alimento.
De granos y frutos enjuago mis garras.

He volado por tiempos, por espacios.
Doblando así las aristas del cosmos.
Doblando así las creencias limitantes.
Soy negro tornasol, como el brillo de la ausencia.
Soy un ángel negro que extiende sus alas.

En un pequeño círculo junto a un árbol
reposa un hombre que parece tranquilo.
Hace reverencia a la tierra que lo sostiene.
Hace oración a un ser que ha llamado Dios.
Un lenguaje provisto de signos y complicadas matrices.
La palabra verbalizada se expresa en su canto.
Yo, por el contrario, sólo grazno
y soplo con el viento un lenguaje más sincero.

El sol comienza a dar indicios de su presencia.
Sigo en vuelo, como eterno testigo de un mundo sideral.
Veo los restos de un ratón muerto,
veo las larvas apoderarse de sus entrañas.
Han llegado primero al banquete, han sabido ser sabias.
Aves circundantes vuelan sobre mí, las reconozco,
mas no siento simpatía por ellas.
Son, al igual que yo, devoradoras de muerte,
pero en sus alas hay menos armonía.

Decido parar el vuelo
y escuchar el aire matutino
exigiéndose paso entre las ramas de los árboles.
Está amaneciendo, el frío arrecia y la tierra se humedece.
Mi plumaje guarda pequeñas gotas de agua
que en su estructura esférica
hacen las veces de hermosos lentes,
para así explorar el minúsculo universo de mi plumaje.

Cuántas cosas pasan ahí adentro.
Cuánta belleza vertida en un instante.
Es entonces cuando el hombre se levanta
y desnuda su torso.
Abre los brazos y respira profundo el aire fresco de la
madrugada.
Al parecer ha aprendido de las mañanas
y de su estancia en la montaña.
Puedo sentir su corazón palpitante, suave,
con un compás similar al flujo interno de la savia de un árbol.
Es un ser lleno de vitalidad, rara vez visto en su especie.
No será mi cena esta noche, tampoco yo su presa.

La montaña prohíbe la presencia absoluta del sol,
pero el cielo, sin importar, ha cambiado su color.
Soy partidario del cielo nocturno,
pero puedo apreciar los claros del día.

En un mundo que gira cíclicamente,
no queda más que ser rutinario y congruente con el ritmo.

En otros planos puedo volar por siempre.
Puedo ser noche o canto,
pero aquí, sólo testigo pasajero del día y la noche.
Ave que come frutos, granos y carroña.
Ave que vuela moviendo sus alas.
Ave que se agrupa con los de su especie
para sostener así su supervivencia.

El Hombre ahora se arquea y escupe bilis.
Una especie de purga lo domina.
Está mudando su piel,
está siendo devorado por su propia condición dubitativa.
Se recarga sobre el mismo árbol que yo reposo,
su mirada se muestra profunda y su rostro neutro.
Mientras él imagina e idealiza algo que ya es,
yo descanso, mientras escucho su oración
y el hermoso fluir de la vida.

Dios te salve, María,
llena eres de gracia,
el señor es contigo.
Bendita eres entre todas las mujeres
y bendito sea el fruto de tu vientre, Jesús.

Santa María, Madre de Dios,
ruega Señora por nosotros los pecadores,
ahora y en la hora de nuestra muerte.

Amén.

Atardecer en altamar

Puedo observar el rojizo del cielo,
combinar sus matices con el mar del pacífico.
El sol se despide en un atardecer mágico.

En sus risas hallo mi esfuerzo constante.
En sus ojos, la esperanza.
Continuar andando o navegando
por las infinitas aguas del amor a la vida.
Seguir construyendo veredas.
Seguir haciendo nudos.

Dos lágrimas y un suspiro al jalar el hermoso pez dorado
con la caña.
He pescado con anzuelo y sin carnada viva.
Esta noble criatura se deja servir al sutil movimiento de mis
brazos
que fluyen con su nado, para lentamente acercarlo a su
muerte.
¿Quién soy yo para pescar vida?
¿Quién soy para atrapar el sueño de libertad que se gesta
en las profundidades?

El sol y el viento son bellas coincidencias
de este hermoso acto de amor y entrega.
¿En dónde está mi callada boca?
¿En dónde, mi callado cielo?
La sangre se esparce sobre la cubierta.
Mis pies se manchan de su ser.
El dorado lucha por sostener su vida,
yo por mantenerme de pie.
Así se huye de un pantano,

así se aleja de una quimera.
Mientras los delfines saltan alrededor del barco
y las gaviotas vuelan sobre nuestras frentes.
Aquí estamos sonriendo y admirando la belleza.
Sigilosos signos de un Dios artista.
Hagamos de esto una ceremonia, un festín y una gloria.
Porque el mar es generoso, y las brisas eternas enamoradas,
eternas compañeras de rostros marineros.

Sobre la popa, los más pequeños señalan el horizonte.
En el timón, el capitán sigue a las ballenas.
Somos un momento, una cápsula burbujeante
dentro de la inmensa masa de agua.

Se aleja hacia el espacio mi mirada.
Allá donde, desde lo alto, todo se observa diminuto.
El cielo y el mar se pierden mutuamente.
El azul se escapa de la dimensión volumétrica.
¿Por qué se achatará en los polos la tierra?
¿La gravedad no es homogénea?
¿O es que el mar ecuatorial busca libertad?
¿Seré más pesado en la Antártida?
Quizás estoy volando y no lo he notado.
Sigo jalando de la caña de pescar.
Esta vez simplemente para sentir el peso de un objeto,
algo que me dé la sensación de firmeza, de control y
autoridad.
Qué hermosas herramientas son mis manos.
Saben trabajar, orar y sanar.
Las veces que mis hijos toman de ellas,
soy un pequeño sistema solar, un dínamo.

¿Hasta dónde puede llevarse una analogía?
¿Hasta dónde la comprobación de la burda ciencia?
Si conecto puntos, ¿hasta dónde se extiende la línea?
Sobre un barco, probablemente al horizonte.
Bajo el mar, ¡al mismo cielo!

¿Dónde queda la labor salina del ambiente?
¿Abraza o viste a mi piel?
Soy un ser que observa, un ser que pregunta,
un ser que ríe y calla, pero también canta y se pone de pie.
Una obra de arte de algún Dios aburrido.
Un rato de sosiego que se volvió vida y evolución.
Ahí es cuando observo a mi familia
y reafirmo la presencia de ese espíritu creador
que juega a ser Picasso y Van Gogh.
Bello impresionismo del paisaje.
Torcida percepción de mis ojos
condenan a límites lo unificado.
Le dan forma y color a lo manifiesto.
¡Cuando en realidad sólo es luz!
Agua profunda que abraza al cielo.
Amor vibrante y tornasol
como la bella piel del dorado.
Como la vibrante pulsación del corazón de mis hijos.
Dios ha sabido ser mago, artista y genio, en este atardecer
en alta mar.
Nosotros tripulantes de esta embarcación que se llama
¡Vida!

Limbo

En el desierto, el amor se manifiesta de diversas formas.
Para el peregrino, el paisaje es aterrador.
Para el que mora en las cavernas, un bello y alentador poema.
Las plumas negras de mis alas
siguen deseosas de volar, pero he olvidado cómo hacerlo.

En distinguida estampa,
mi pecho apunta al sol en búsqueda
de orientación y calma.
¿Cómo se siente la arena caliente en los pies cansados?
¿Cómo el sudor no cae sino se eleva sobre el cielo?
Estoy extrañamente ubicado en un punto irreconocible,
no es el centro ni es la orilla.
¿Cuántas horas han transcurrido desde la mañana?
¿Cuántas lunas he observado partir a lejanos mundos?

Vivo en un desierto aparentemente infinito,
donde no hay horizontes ni puntos de referencia.
Sólo el calor de un sol que se extiende por los distintos cielos
y el sonido extraño de ventiscas que nunca se observan.

En esta soledad que no incomoda,
sino que naturalmente es mi esencia,
no se extraña, no se añora nada.
Ni la quietud misma es un argumento,
más bien un simple flujo.

A esto le llamo libertad, a esto coraje y paciencia.
La visión permanente de un no estar,
de un no pertenecer, de un no manifiesto,
donde mis alas reposan y mi corazón rara vez palpita.

Moradas y recintos, mares y montañas;
alistados a las partituras de un alfa y un omega;
de un silbido y un aliento…
¡De un profundo despertar!

Mis alas se extienden,
mis alas majestuosas absorben los rayos de sol.
Negra figura de un ángel desértico
que emprende por fin el vuelo hacia lo que se llama vida,
a lo que se entona con arpas y voces celestiales.

Amada caricia que nace en el vientre
donde las manos entrelazan la esperanza
y las mejillas, el gesto certero de una sonrisa.

Estoy completo y desnudo,
lactando del néctar vital.
Respirando del viento y de las palabras,
volando entre promesas y sueños; entre bosques y lagos,
entre las plegarias de tantos que mañana no despertarán.

Hechos de polvo y de cenizas.
Hechos de lava y cal.
Hecho de fuego, del fuego primario del que todos proveni-
mos.

Qué ardan los días, ¡qué ardan los rostros!
¡Qué reciten los versos del Dios creador!
Para que el fuego se esparza a todos los planos
y la luz retorne a su oscuridad.

Cerré mis alas y reposé en el desierto,
mientras veía aclararse la obra de Dios.

Homínido espiritual

Ahora que te escondes entre carnaza y huesos,
ahora que has cambiado el incienso por oro,
yaces sobre lagos de aceite
queriendo crecer en un lugar sin altitud.

¿Qué me dices de viajar al oriente?
¿Qué me dices de hablar lenguas extrañas?
Has retomado la falacia del competidor.
Has ignorado la sagrada estrella.

Sigues oculto de los extranjeros,
sigues sordo de los antiguos credos.
¿Por qué separas tus plantas del suelo?
¿Por qué olvidas la tierra mojada?
Acércate y quizás con ello me encuentres.
Acércate y escucha el trinar de las aves
que no buscan guarida entre las ramas
ni grises cielos en su vuelo.

Habla del profundo encuentro con el silencio.
Habla de tus manos quietas y abundantes.
Para algunos, serás paz y gloria.
Para otros, vaga prosa de un loco.

Cultivo de orquídeas, cultivo de rosas.
En las llanuras, en la extensas llanuras del hombre en calma,
se respira vida, amor y gracia.
Visitantes que con sus pasos destruyen el paisaje.
En el crepúsculo esférico de la ensoñación
aprendes el arte de mentir.

Con sonrisas asientas al impostor.
Con abrazos calmas al cobarde.

¿Qué haces escondido en la planicie?
Tus logros deben subir a la montaña,
allá donde el viento sopla fuertemente
y el corazón palpita con ímpetu imperioso.
Has vestido de lino y telas finas,
pero las alturas demandan pieles curtidas,
así que afila la cuña y parte.
Solo entre rocas alpinas recordarás quién eres.
Mi querido montañés, mi gran hermano:
somos carne que sabe del frío.
Somos sudor, horizontes y vuelo.

Llano o montaña.
Calma o lucha.
Estampa quieta en un mundo en movimiento.
Sigues en mesetas atizando fuego,
aprendiendo a ser carne y esencia.

Carnaval

Me he desecho de grandes caras.
Me he desecho de mil rostros.
No hay ofrendas ni bastones de mando.
No hay aplausos para mis acciones.
Estoy castigando a las luces que me llaman.
Apartado de ellas, es más fácil ser bestial.
He ignorado al fuego.
Sigo sin encender velas.
A tientas, a oscuras,
en el carnaval de las almas flacas.

Fuego abuelo

¿A dónde voy con este latir?
Donde el fuego me llama.
Donde la noche calla
y el olor a tabaco quemado me hace rendirme.

Mi sahumador reposa sobre la mesa del jardín
protegiendo así todas las puertas.
Hay bellas intenciones en su interior
y un rezo al abuelo que ha cuidado de mis pasos.

Cuánto humo sube y se eterniza.
Cuánta nubosidad hay en mi mente.
¿En dónde pongo mi atención
que me hace separarme de lo básico?
Ante una voluntad férrea pero desorientada,
la libertad huye y los pies se aprisionan.
Fuego, indícame el ritmo de mis pasos.
Quiero honrar la bella forma en que te consumes,
sin tomar ventaja de mis creencias.

Veo al carbón convertirse en dulce rojo calcinante,
cuando el viento sopla entre sus brasas.
Mucho es ilusión, pero el hermoso estado de arder es real.
Es quizás el proceso que desdobla la ilusión en verdad.
La vida en muerte y la muerte en vida.
Puente transitorio del poema y su intención.

Sigue conversando el fuego con el espacio,
dentro del barro se alberga magia.
Un posible universo, una posible batalla.
Mis ojos no son suficientes para apreciar su canto,
son demasiado promiscuos para saber observar sus llamas.
Puedo sentir el calor en mis manos.
Puedo entender que, como humano,
descubro en la fricción un principio generador.

Mi abuelo sigue inmerso en la pequeña hoguera.
Lo he invitado a estar con nosotros.
Me gusta escucharlo cuando el carbón truena.
Me hace sentir amado y cercano a su ejemplo.
Su poesía es alimento, sus brasas abrazo.

Fuego, hermoso fuego.
Abuelo Alfonso, has encendido otro cigarro.
Nos conectamos con el humo.
Entrañamos gargantas, y a través de la luz y el calor,
coronamos la distancia y el tiempo,
como seres paralelos en dimensiones distintas.
Mi sahumador me llena de ti, tu cigarro te hace encontrarme.

Dejaré que la noche haga lo propio
y le dé cabida a este momento.
Mientras el carbón se consume, cierro los ojos para sentirte.
Mañana estaré morando en mi pequeño mundo.
Lejos de ti, lejos de todo.
Puedo avanzar, incluso correr,
pero no llego al elevado espacio del humo.
Allá donde tú estás y yo te veo.
Allá donde el fuego arde y las llamas expresan su arte.
Danzan y pintan con hermosos velos.
Aman el amarillo, el rojo y el movimiento.

Ahora entiendo por qué dejaste de hablar.
Ahora entiendo tu pasión por fumar. Es lo que te une a mi
abuela y a aquellos nietos que jamás conociste.]
Llevas a tu pecho su esencia.
Llevas a tu corazón su mundo.
Hasta que, embriagado de él, te consumes.

Alimento el fuego con tabaco
y me despido de ti con gran sonrisa;
mientras tu tos resuena en el tronido del carbón,
mi corazón late sabedor del destino de mis siguientes pasos.

Hasta mañana querido abuelo Alfonso.
¡Gracias por tu luz!

De paseo por el inframundo

¿Qué hay sobre tu mano?
Príncipe de tinieblas y rocas escarpadas.
Tu linaje es sagrado, como la sagrada sangre de un parto.
Firme y en postura geométrica,
observas las lánguidas almas de seres perdidos.
Han desperdiciado vida y sueños.
Se han castigado con el autodesprecio.
¡Deshazte de esa plaga!
¡Deshazte del hedor y la podredumbre!
Depresiones hundidas en la oscura profundidad de la
conmiseración.

Te he visto indiferente ante la purga.
¿Quién eres en verdad?
¿El alarido nocturno de un ave?
¿La callada expresión de un árbol deshojado?

Camino entre estos seres, muchos intentan tocarme.
Buscan compasión y migas energéticas.
Mis alas negras se han cerrado.
Quieren caminar entre la miseria.
Quieren observar la desdicha humana.
Con la palabra encanto, se fijan joyas doradas en sus cuerpos.
Con la palabra cobardía, se tatúan insignias y vulgares signos.
Carcomidos por lo perecedero, se han definido auténticos,
sin mirar la burda copia de sus caras.
¿Por qué sostienes estas almas?
Son raquíticas, insípidas y vagas.

Perfumes hermosos nacen del suelo.
Perfumes de orquídeas y nardos.
La esencia de seres elevados.
La mística llave del eterno descanso.

Mis manos asientan sus palmas al suelo.
Mis labios besan las calles.
Soy un sabio arrodillado.
Soy un mimo haciendo gestos.

¿Dónde están los días soleados?
¿Dónde la estrecha cavidad del cielo?
Tú, príncipe oscuro de garganta seca,
¿qué esperas para levantar tu vuelo?
Fundido en el cromo de este lugar tenebroso,
sigues tu apostolado con firme gracia,
sin asquearte del cebo que te rodea.

Abro mis alas y confirmo mi altura
en el espacio medio del dolor y el placer.
Sobre mi espalda las llamas se encienden.
Bajo mis pies la brea traga desprecio.
En este estado, plasmo mi figura
como aquel que muchos portan en sus cuellos,
como aquel a quien ofrendan rezos.
Soez y blasfemo cierro mi boca
para orar en silencio.

De miseria y caspa humana,
de tiempo errado y altares olvidados,
de una eterna figura reposando en complacencia divina,
del ser oscuro que nos llena las quijadas.
Sin paz, sin hambre,
con hombros caídos y rostros grises,
bienvenidos al terreno del que no tiene nombre.

Quizás alguien escuche su llanto,
quizás la vela encendida indique el camino
y los violines entonen la danza
del último aliento, ¡del despertar!

¡Es hora de limpiar mi cuerpo
de esta empobrecida verdad humana!
Es hora de tomar el martillo
y trabajar la honrosa estampa que empuña libertad
y hace surcos en senderos elevados.

Curvaturas gravitacionales son los sueños,
la tenacidad su hermosa concavidad.
En el pliegue de voluntades,
el más fuerte se hace de un nombre
en donde la virtud es llamada vanidad
y la vida un poema.

Sin importar a quién idolatres,
sin importar sobre qué deposites tu sangre,
el reino oscuro sigue conquistándote,
sigue abrazando tu cuerpo al menoscabo.
El sordo pesar de las almas famélicas sostiene el mundo del
iluminado

Así la noche es día y el día noche.
Así el infierno, morada,
y el canto de paz una danza macabra.

Elena maestra cacao

Sonidos primarios, sabores elementales,
memoria milenaria,
montes que atestiguan las hermosas danzas.
Bebo cacao, intencionado en un bello círculo adornado con flores.
La luz del sol brillante se refleja en el rostro de nuestra guía.
El abuelo tabaco sube al cielo en forma de humo.
Un poderoso rezo vertido en olla de barro.
La feminidad cuidando de nosotros.

Elena, un nombre que ha marcado mi vida.
Maestra medicina, fértil tierra que sostiene mis pies.
Jarros que despiden las tostadas notas del cacao.
El proceso del hombre, la magia de descubrir los tesoros de esta tierra.
El viento nos envuelve y se lleva nuestras intenciones
que lleguen a donde tengan que llegar,
que vibren y sacudan la pereza de los cansados,
que sanen las heridas de los lastimados,
que cobijen a los que tienen frío
y den sustento a los necesitados.

Sostengo los brazos de mis compañeros.
Mastico cacao en unidad.
Mis hombros altivos pueden sentir el peso de mis hermanos.
Pueden encontrar tristeza y soledad.
Qué linda sonrisa nace de mi boca,
qué hermoso susurro viene de la percusión.
El tiempo se acaba para estar dormidos,

los astros reclaman despertar.
Maestra medicina guía mis pasos,
por donde tú has andado, por donde tú has volado.
Mis ojos vehementes vibran ante el poderoso cacao,
ante mis palabras, ante mi rezo.
Hincado y firme recibo amor y poesía vital,
mientras Elena recita cantares de poder.

El horizonte esboza montañas,
el cielo nubes tenues.
Nuestros corazones enlazados,
un fraterno encuentro de dos mundos.
Se honra la paz y el fin de la violencia.
Se honra el agua y su memoria.
Se honra el cacao y las manos que lo cultivan.
Se honra su fuerza en los paladares.

Somos hijos de una tierra que ha visto crecer extensos plantíos.
Somos labradores de este terreno accidentado.
Nuestras plantas descalzas estrechan distancia.
Nuestras rodillas veneran cientos de generaciones.

Aquí estamos, compartiendo la magia de una madre generosa.
Alzando el pecho para recibir el sol.
Bailando y dispuestos a la libertad natural.
Esa que no condiciona el pensamiento.
Esa que emana de lo elemental.

El sonido hace rondas primitivas en mi memoria celular.
Cegado me dejo guiar por suaves manos.
Para darme cuenta que en círculo danzo el poema vital.
Nuestras vidas armoniosas, juntas y en ofrenda, hallan la forma de servir.
Hallan lo simple al respirar.
Hallan coraje para vibrar alto.
Con rostro limpio, digno de nuestra humanidad.

Ometéotl.

Meditación vespertina

De cobalto y amatista están hechos los sueños,
de singulares proezas envueltas en mallas.
La feminidad construida en cuatro pilares:
la maternidad, la sensualidad, la espiritualidad y la inocencia.
Los rosas y morados al cerrar mis ojos, hablan y cantan
música sagrada.
Allá en el norte está ella, en el sur de las montañas.
En verdes turquesas de un mar, la sensual existencia del
naranja.
Justo en el centro, un cáliz encendido con fuego.
Una llama flotando sobre agua, sobre sal, sobre salvia.
Mi postura meditativa ilumina mi frente.
Mis brazos y piernas en balance.
Mi respiración en contornado oleaje.
Espero no callar las verdades que nacen de mi pecho.
Espero no coartar las experiencias de los ojos soñadores.
El disfrute condicionado a un pasado desidioso.

Sé que hoy habrá un encuentro.
Sé que la niña descansará en el regazo de su enfermo padre.
Quizás sane, quizás se eternice en el último aliento.

Sigo descalzo y contemplando la nieve.
Sigo esperando que el agua regrese.
Por una cansada apatía, el hombre destruye su morada.
Por un vuelo sublime observa la tierra.
Los corazones hermosos de los divinos úteros
que vienen en cuatro,
que vienen en paz.

No llores pequeño niño.
Las aventuras están en tu mente.
Tus amigos te abrazan, pero tu pecho es el que ama.
Eres buscador de momentos verdes.
Eres sonriente y obstinado.
Con camisola, jeans y un peinado de raya,
conquistas la mirada de un millar de ojos.
Carisma y sonrisa tu bello retrato.
Fuerza y coraje tu principal destreza.
Camina y enséñame del disfrute vital.
Camina y sacia la sed de mi ser.
Hijo mío, hermosa ave de las alturas,
has marcado este canto
al irrumpir en mi cuarto con tu rostro prometedor.

Amatista y cobalto,
en la tenue dimensión de la ensoñación,
en el profundo espacio de esta meditación.

Subconsciente, entre el placer y la templanza

Diablo, ¿por qué encadenas a estos hombres?
¿De qué te sirven sus desnudos cuerpos?

La pasión erguida de los pies descalzos
que se postran sobre un suelo liso y sin textura.
Las miradas confusas en la oscura atmósfera de esta esfera.
Tus pezuñas malolientes,
tu dorso al descubierto en posición de mando
y cruel satisfacción.
Se han condenado al vicio,
al exceso sensorial de un mundo seductor y embriagante.
Hombre y mujer carentes de voluntad,
arropados por el velo de tus alas infernales,
místico fuego malversado a lo mundano.

Soy profano al irrumpir en tu recinto.
Soy estulto, al observar el negro
hacer de majestuosas imágenes tu ego enaltecido,
adornado con laureles y sedosas telas.

¿Quién es el cobarde que cerró la puerta hacia el verde valle?
¿Por qué, aunque encadenados, tus esclavos ríen?
¿Son perezosos, o soy yo mirándome al espejo?
Quiero saber, ¿de qué lado estoy?,

¿en dónde duermo al caer la noche?
Las mismas artes de los seres elevados.
Las mismas notas de las composiciones sagradas.
Pero el corazón se seca al escucharlas
y los ojos se calcinan al observarlas.
El cubo sobre el que reposas parece inconcluso.
Todo aquí está torcido, desecho, y aun así se sostiene.
¿Quién es aquel que puede eternizar las cosas pasajeras?
¿Por qué tus cuernos no se muestran verticales?
El eco persiste infinitamente,
como si no hubiera fondo en el interior de mis ideas.
¿Acaso también estoy encadenado?
¿Acaso también he vendido mis sueños a esta bestia
maloliente,
a este mundo infernal?

La mujer habla y me da la bienvenida,
con su mano señala su sexo, con su lengua humedece sus
labios.
Tan distante a ella, tan estrechamente cercano a la nada,
pierdo fuerza y me hinco, me arrodillo ante la perversa figura.
Poco a poco se cristalizan mis dedos,
poco a poco el eco halla morada.
Es entonces que me salen cuernos,
y mi rostro rejuvenece al tiempo que mis ojos aceptan el
placer.
El collar que cuelga de mi cuello, ya no dice libertad,
son argollas que adornan mi pecho desnudo.
Berro, berro como cabro condenado.
El diablo sonríe, aplaude, me da caricias.
Mi bestialidad se ha hecho mascota de sus encantos,
en el vulgar idilio de la inmediatez.
Allí, vertido en el umbral del hombre sin sentido,
en las huellas rotas del señor de la oscuridad,
pierdo voluntad, atesoro cosas inservibles.
Me deshago en el desencuentro de mi alma,
en la pérdida de mi templanza.

¡Suficiente!
¡Suficiente!
¡Suficiente!

Grita el hombre, grita mi corazón.
No hay ser que domine mi espíritu,
no hay carroza que detenga su viaje.
Soy el mago, el héroe, el constructor de mi camino.
Aquel que retorna a lo divino.
Aquel que no enmudece ante lo injusto.
Aquel que brota del agua del velo sagrado.
Aquel que lucha para conquistarse,
para superar la oscura noche de su alma.
La infame tentación de este ser falsamente enaltecido,
falsamente idolatrado.

Puedo sentirme, puedo palparme.
Puedo honrar la feminidad y el pulcro erotismo de los amantes.
Porque lo sagrado sólo es completo si se alimenta de
materia y espíritu
y no se acota a alguna de sus mitades.
Mi cuerpo es el templo de esta bella pulsión vital,
de este hermoso néctar de la vida consciente.

Debo agradecer aquel hombre,
el sabio que abrazó al diablo con humilde compasión
y abrió las puertas del valle.
Donde el rebaño se alimenta de las dulces obras de su fiel
pastor.
Donde la templanza y el placer
son amigos de un mismo propósito… ¡La libertad!

Tortuga

Tortuga, sabia criatura.
No tienes prisa, sabes del ritmo exacto de la vida.
Esperas el oleaje, esperas que el ave descanse.
Dotada de armadura decorada con bella geometría,
eres longeva, tu vida es un viaje.
Hermosa peregrina del mar,
borras tus huellas para proteger tu descendencia,
madre que cuida y da libertad.

Háblame tortuga, del mundo sin prisa.
Háblame del ímpetu por viajar.
¿Qué hay del sol a cuestas?
¿Qué hay del profundo mar?

Soy torpe al correr y descuidado al criar.
Soy erguido, pero tú observas más.
Porque al avanzar lo haces sin temor
y al vivir, no confundes el oro con la sal.

Guardas en tu cuerpo evolución milenaria
de tiempos donde el hombre era sabio,
de tiempos donde los años fluían despacio,
donde el sol era cercano y las aguas gravitaban a otro nivel.
Cuéntame la historia de la creación,
tú que esbozas la estructura de los trece planos,
tú que naces en la playa y regresas al mar,
ahí donde todo se originó.

Reflexión objetiva del inicio de año

En algún café de la avenida Colón, la definición de porvenir comienza a dar vueltas en mi cabeza. El año ha iniciado con una inercia positiva en cuanto a crecimiento económico, trabajo y retos profesionales. Para ser honesto, sin mucho esfuerzo, más bien, con una especie de generosidad fáctica de la vida. Veo que mis socios están en el mismo canal. Venimos de tres años de mucho aprendizaje, pérdidas económicas, decisiones importantes y reconvención de preceptos en nuestra gestión empresarial.

Puedo sentir una energía de abundancia, de generación, de crecimiento. Esto exige estar bien plantados y con una mente serena y bien enfocada para no cometer los mismos errores de antaño. Estoy convencido de que, ante una puerta abierta de abundancia, el hombre es tentado a desprenderse de su trabajo interno, de corromper muchas veces sus principios y de dejarse llevar por las facilidades que te genera el dinero. Por ello, en esta tarde de relajamiento, hago un examen interno del estado de mi ser, de su estabilidad y su capacidad de mantenerse inmutable ante cualquier exacerbación del estado normal del entorno. Siento una bella pulsión de creación, y a su vez, puedo sentir fuerzas externas que me jalan a lo enajenante. Afortunadamente, a diferencia de años pasados, hoy tengo herramientas suficientes para no perderme, mientras disfruto de la experiencia hermosa de generar riqueza. Una riqueza que es material, pero que emana de mi profundo ser enriquecido por el trabajo de toda una vida.

El sentir esta gratitud ante el merecimiento, y esta sensatez y cordura ante lo que se avecina, me ayuda a seguir en el camino del servicio y me da la posibilidad de ser sustento para muchas familias y multiplicar panes.

Mi reflexión es interrumpida por una mendiga que me pide dinero para poder regresar a casa. Veo en mi cartera y sólo tengo billetes de quinientos pesos. Dudo un poco, pero termino dándole uno de ellos. Ella me pregunta si me puede besar, a lo que respondo que mejor nos demos un abrazo. Nos abrazamos y se despide con un gracias y una bendición.

Infinito nocturno

He estado atado, soñando con el infinito.
Profundamente inmerso en abismos.
Rodeado de singulares voces femeninas.
Sintiendo el agua caer en gotas sobre mi cuerpo.

He mirado entre las hendiduras de un muro antiguo.
Ahí, en el otro lado, existen sirenas nadando,
hermosas figuras de piel escamosa
que se deleitan
con el cielo misterioso del pensamiento abstracto
y cantan odas al maestro tiempo.

Al despertar siento el vacío.

La extraña nostalgia de mi respiración
anhela algo que no puede comprender.
Repetitivos despertares boca arriba,
apuntan mi mirada al techo de la habitación principal.
Recuerdo a los antiguos filósofos hablar de este estado,
divagar en las sombras del animal carente,
esbozar en sus ensayos la verdad oculta del que sueña.
En sus tragedias, moldear las torcidas emociones
del que obstinado se condena a sí mismo.
¿Cuántos artistas esculpieron mi rostro?
¿Cuántos dejaron inconclusas sus obras maestras?
La esencia de la inspiración habita en ese infinito de mis
sueños
donde los jilgueros cantan las poesías de García Lorca
y los espejos muestran los desnudos torsos de Miguel Ángel.

¿Quién oprime mi pecho al despertar?
¿Quién abraza mi espalda y roza mis mejillas?
Un intenso deseo de elevación, un intenso impulso vital.
Sin embargo, sigo melancólico, y con la piel fija a mis
músculos.
Joven físicamente, pero viejo en mi andar nocturno.
Ese subconsciente mío,
que acumula grasa y longevas premisas de los sabios
orientales.
Ese subconsciente mío,
que edifica mansiones oscuras, con pórticos de oro.

¡Háblame, Platón, del gran banquete,
del camino del hombre y la virtud!
¡Háblame, Diógenes, de la vida austera
y los soles que se elevan!
¡Háblame, madre, de tu bella sonrisa
y la simple forma de dormir cansado!
¡Háblenme, pies, de su romance con la tierra,
y las tiernas caricias de un césped bien podado!

Los abismos del infinito han aturdido mi mañana,
y han sacado de mis rincones la suave voz de la duda,
que en tono solemne me dice camina,
pero no hay sendas en el paso.
Entumecido y con el corazón repleto de estrellas,
me levanto para continuar mi jornada,
para partir el campo con pasos fuertes,
para, en silencio, andar las hermosas montañas de oriente
y con un bello poema,
desdoblar el infinito de mi subconsciente.

Inspirado por el rayo del sol,
inspirado por el viento circundante,
por el saludo de un extraño y la canción de moda,
por un juego de tenis y la cita de negocios,
por el día a día, que en cada palabra se forja consciente,
se nombra, se materializa.

El infinito sólido, perceptible y tangible,
ha nacido de entre las grietas
para articuladamente moverme
hacia el camino de los hombres ilustres.

Deambular, el loco

Ayúdame a mantenerme.
Es tentador el metal pulido.
Es tentador deambular en la noche y no ser visto.

Buenas noches, joven, ¿sí está cargando mi teléfono?
El loco que regresa a casa me pregunta.
Yo asiento y le marco el brillo en su cargador.
Él me extiende su puño y me bendice en nombre de Dios.

Diez para las nueve, la avenida Colón abre sus banquetas
para el desfile de los aventureros.
Yo los observo mientras escribo,
a la par *Midnight City* de *Teemid* se reproduce en el *Spotify*.
Libres coincidencias de este bio-ritmo acelerado.
Es hora de seguir caminando
hasta donde alcance a sostenerse el bombeo de mi sangre,
hasta que los muslos digan basta y el tráfico termine.

Me llaman ecos lejanos de niños despiertos,
me llaman las pisadas del asalariado,
y el uniforme blanco de las enfermeras.
La ciudad está dando sus últimas manifestaciones de sudor.
Ahí está ella, reposando en una banca cerca de mí,
con abrigo negro y cabello rizo.
Otra amante del escaparate nocturno,
otra melancólica olvidada en la acera del paseo Colón.
Un pequeño bosque urbano,
una pequeña mirada de armonía entre el pavimento y los
pinos.

Extiéndeme tu billetera y compra un acre de silencio.
Extiende tu efectivo e invierte en el aire del futuro.
Tú que aún puedes respirar,
tú que aún encuentras agua en la fuente.
El mañana se agota y se seca,
pero el *beat* del electro no pierde su forma.
Avanza amigo, avanza hermano.
Tus días de trabajar, comer y defecar están por terminar.
El cielo se aproxima,
la luna está contenta.

Loco nocturno, ¿tu teléfono se ha encendido?
Espero tu llamada, olvidé decirte algo.
Te reconozco, estuviste sentado en las orillas del triunfo,
a un paso de la victoria, a un paso de ser santo.
La colilla de una transeúnte se precipita al suelo
y recuerdo el mundo parisino de inicios del siglo XX.
Jean Martin es mi nombre, un pensador frustrado de la
égalité.

En el lapso de tres días, un loco y una mendiga me han
bendecido,
¿acaso ellos están más cercanos a Dios?
¿Es qué soy propenso a hablar con los marginados,
y a descubrir en sus palabras las verdades ocultas de los
Salmos?
¿O mi marginal conciencia me refleja la imagen de mi rostro?

Jean Martin escribe…
La igualdad es el espacio indeseable del dominador;
del oprimido un cementerio pestilente
que lo priva de su autoconmiseración.
¿Quién quiere igualdad y para qué sirve?
Si al roer huesos en las esquinas,
los perros hallan su instinto.
Si al mendigar en los templos,
los humanos alcanzan el grado de humildad.

A pesar de la sangre azul, el monarca salpica saliva.
Igualdad biológica y animal, igualdad de masas aturdidas.
Soy un gato burgués inmerso en Saint Germain.
Soy un bebedor de buen vino que arrastra el pie al caminar.
Solo, como todos aquellos que buscan sostener el mazo del
pensamiento.
Solo, como la virgen que espera ser desposada.
Solo, como el loco que busca igualdad
en una tierra de espejos oblicuos, de castas y sombras,
de placeres vertidos en la miseria y en la opulencia.
¡Aplaudan y rompan las cadenas!
¡Aplaudan y gocen de los viejos privilegios!
¡Aplaudan y canten el infame himno del verdugo y el conde-
nado!
Hermanos de sangre, hermanos de pensamiento,
hermanos de la misma altura (la igualdad jajajaja).

Alguien me llama,
es mejor volver a casa para acostar a mis hijos.
¡Basta ya de deambular!

Víspas de Primavera

Cuando la madre falta,
cuando los pétalos se desprenden y caen.
Un retrato blanco y negro de miradas huérfanas,
una habitación incompleta guarda el aroma de su esencia.
Se ha ido la luz en el barrio Víctimas.
La callejuela con adoquín, recibe los pasos de las
condolencias.
En luto se abren las puertas a los visitantes del 214,
las pequeñas niñas en el rincón lloran.
El ensueño de una hermosa familia
se ramifica bajo la sombra de un nogal.
¡Nuestra madre ha muerto!, grita el niño de diez años,
mientras el silencio contenido de su corazón golpea su
pecho.
De rodillas en el templo,
los más grandes buscan en los retablos una señal de
esperanza.
Se caen en pedazos las memorias,
las lágrimas, al igual que las hojas, buscan llegar a la tierra.
Allí donde descansa su cuerpo,
ahí en su féretro, donde su carne aprisionada se carcome.
La mujer que cantaba, que reía, que sabía tejer.

El corazón frágil de un ser demasiado bueno
para un mundo con perjuicios.
Nacida del vientre de una madre cansada,
de la última estrella de un firmamento tardío,
se ha ido a contemplar desde lo alto sus vidas.
Su ligereza llevó a su espíritu al eterno estado de reposo.

Su sonrisa, al emblema de sus almas,
que se aferran a recordarla, a abrazarla y a decirle mamá.

...
Madrugada, estoy listo para partir de viaje a Venezuela.
Mi corazón recuerda
las cicatrices de un suceso ocurrido hace cincuenta años,
en un tiempo donde mi vida no estaba en este plano.
Mi memoria es el relato de los mayores.
Mi espíritu reconoce sus voces.
He aprendido a saborear el dulce de pepita y las capirotadas.
He aprendido a mirar con los ojos de aquellos huérfanos.
Voy por el pan para guardarme el cambio
y me entremeto en las concavidades de mis lugares secretos,
como aquel niño que en cuclillas abraza sus piernas
para recordar el calor de su madre.
Posiblemente el inicio de marzo me hace susceptible a la
inocencia,
a esa flor que precipitadamente se deshojó.
El final del invierno trae un polen sagrado,
la magia del nuevo ciclo de fertilidad.

La primavera comienza a bordar su vestido.
Lo adorna con flores y colores brillantes.
Inicia el canto del amanecer.
Inicia su esencia y su jovial carisma.
Bienvenida, abuela,
¡te he estado esperando!
Tus hijos me han hablado de ti.

Se han ido

La suite presidencial parece demasiado amplia. Caracas y su vista aérea es relativamente acotada y comprensible. Las montañas a la lejanía marcan los barrios suburbanos, las torres que rodean la propiedad manifiestan un pasado opulento, y un tiempo que ha dejado enfrascada la modernidad.

Estamos aquí para hacer negocios, para testificar que el mundo está cambiando.

El oasis yanqui que se eleva en el *penthouse* del JW Marriott da la entrada a la belleza de los cuerpos femeninos. Un símbolo homologado, que no conoce de colores ni banderas, sino que obedece a la naturaleza del ser humano, el instinto primario de dominio y seducción.

Las notas plásticas de sus rostros combinan con los vestidos ajustados y las sonrisas alegres del mestizaje. El dinero es el móvil fáctico, pero algo más profundo se integra en la semblanza de sus cuerpos. Algo que se ha insertado como pieza angular, y se burla de principios fundamentales como la libertad, y el sentido de propiedad.

Se instalan promesas de esperanza, de un esplendoroso porvenir lejos del suelo oxidado. Entiéndase por suelo, no la tierra de esta hermosa y fecunda nación, sino las cicatrices imborrables de un pueblo que ha sufrido hambre y maltrato. Que en su historia abraza ideales libertadores, pero en su realidad es sometida por el genérico del populismo, y el bloqueo imperialista del dictador del mundo.

Hacemos las veces de un puente, de un canal comercial y fraterno, del amigo que sabe de carencia y que por ello extiende la mano.

Sigo trabajando el concepto de libertad. Entre más profundizo en él, más me cuesta entender sus límites, sobre todo en la aplicación práctica del hombre; por consiguiente, de la aplicación en mi vida. Cuando creo que he alcanzado un grado tal de voluntad consciente, me observo al espejo y me describo como un animal articulado, un ser sujeto a su cultura, a su crianza y su entorno. ¡Un ser que ama dominar y ser dominado!

¿Acaso la libertad es un concepto inexistente? Ese falso sentido estoico, situado en la capacidad interna de resiliencia, de saberse inmutable a los condicionamientos externos, esbozo del espejismo del verdadero sentir humano; donde el hambre de control, y de dominio, es la fehaciente prueba de nuestra esclavizada condición.

El traje de emancipación viste con cinturón Carolina Herrera; la prostitución es el único camino a la libertad, la única forma de romper las cadenas de pobreza y soledad. Prefiere un alma condenada en el infierno, que servir de lastre para los oligarcas militares. Es ella quien decide venderse, es ella que, maniatada, labra el campo del colchón *king size* cercano al cielo. Somos verdugos, y depredadores sociales, bestias que se complacen al servicio de sus obras.

El humano danza y se aparea, como gato salvaje en la noche. Pero vende ideales virtuosos por la mañana. Para seguir así, en el laberinto ciego del estoico; miope, pero con impulso redentor. Con principios libertadores, pero servil y automutilado.

Me despido de esta tierra, en complicidad con su gente. He dejado mi piel y adquirido carne, he dejado de soñar con elevadas formas de humanidad, para caminar por el ajustado paso de los ordinarios. Aquellos que buscamos la libertad en lo que más nos esclaviza, nuestros pensamientos nubosos y el deseo de trascendencia.

Hasta ahora y hasta entonces, mis pies seguirán escribiendo las huellas del viajero, del que trota y escribe, del que anhela libertad.

Al consejo de un filósofo podría ser el final del miedo, al sermón de un cura, la daga culpable del pecador.

En mi empobrecido boceto de un país hermano, el desafío de olvidar lo aprendido, y asumir su esencia a través de sus latidos, de sus aromas, de sus cielos; portavoces del gran himno, aquel que no necesita estandartes ni generales, aquel que cubre las canas de los ancianos con la poética figura de las nubes, y moja el rostro de mi hermano José con las gotas de El salto de Ángel. Ese flujo vital que honra la naturaleza noble del hombre, y quita medallas a los altos rangos, ese flujo que no cesa de dar sustento e incita a las aves a volar. Ese espacio neutro sin bien ni mal, sin amo ni esclavo, sin ideologías. Ese espacio que abraza el espíritu de libertad de la que vende su cuerpo; y conquista el miedo del que ha perdido todo. Ese espacio sagrado del silencio de un pueblo acallado, pero con corazón palpitante.

Hasta pronto Venezuela.
Es hora de tomar el vuelo a mi amado México.

Genealogía del conquistador

He activado la fragancia del dominio.
Una a una las puertas y las pieles se van eliminando.
Dirigido por mitos y placeres instintivos,
libre de la palabra casta y de la orfebrería.
En el pasillo húmedo y sinuoso del desaparecido,
mis emociones hacen un panal
donde sólo reina la nítida figura del saber.
Sigo embelesado por la estrechez de mi conciencia
y por el infinito vacío de mis futuros pasos.
¿Qué es esto que palpita en mi sangre?
¿Qué es esto efervescente postrado en mis huesos?

Ondas lúgubres,
ruido, mucho ruido,
a esto sabe el deseo de poder,
a esto sabe la victoria del que fue esclavizado.
Una noche donde el pecho oprime a la cautiva
y la fiereza emana en mi emancipado ser,
que canta imperioso, el llamado a la conquista.

Deja de seguir tu mente
e instala en tu garganta la cruz de estaño,
esa que hipnotiza y hace temblar los valles.
Hoy estás puro, ardiendo en el fulgor del acero forjado.
Prende el fuego que calcina las cosas rancias,
deja que arda,
que se extienda por aquellos rincones que guardan estupor
y rabia.

Comienza a quemar, hasta volver cenizas las voluntades
enfermas.
Sal a cazar, encuentra en la noche el misterio del bárbaro,
sigue sus trazas, desenfunda la espada
y clava en su abdomen el único estandarte: «El del
conquistador».

¡Alza el puño hasta donde los Dioses puedan conocerte,
hasta donde los cielos se parten,
hasta donde tu corazón se halle sublevado
y tu espíritu descanse en los aposentos de la gloria!

Un bello aroma, un bello y prolongado aroma,
la minerva airosa se ufana del hombre y sus luchas.
De aquellos que a través de leyendas escriben versos y
epopeyas.

El conquistador, el estado sublime de un alma bélica.
El imperativo de todo hombre que decide conocerse.

En mi imperio reposan laureles y honores,
cielos extensos que atestiguan la última piel de mi espíritu.

Puedo ir a dormir con el rostro triunfante y los puños
enrojecidos.

Pasos

Me has invitado a andar,
no hay nada que tenga que compartir contigo.
Tus pasos normales distan mucho de mi bestial cadencia,
no estoy hecho para pastores de la moral,
ni altivas frentes del deber ser.
Soy gitano entre los gitanos, soy bruto y rapaz.

Entonces, ¿qué haces a mi lado?
¿Qué buscas en los salvajes campos de mi ser?

Tú que en centenar de ocasiones te asfixias,
tú que buscas agrandar el espacio que nos une.
Pese a tu dogmatismo moral,
te hallas presa del impulso ordinario del rumiante.
Obedeces a tu idiosincrasia rancia y conservadora,
pero raspas los muros del despertar voluptuoso de la
voluntad.

Deja que siga mis pasos sin matizar las praderas
ni embellecer con flores mis desaciertos.
Humillante es escuchar el silencio de tu supuesta dignidad.
Ladra y escupe el coraje
que te ha aprisionado a ser normal y honroso ejemplo
social.
Lucifer te acompaña en la poesía de tu rencor,
él sabe de gestos nobles y de iracunda rabia,
mi querida virtuosa de la etiqueta.
Has pronunciado lo que muchos antiguos nombraron
sacrilegio,
has reconocido en mí, a la bestia,

la has injuriado en nombre de una moral ajustada a andares
raquíticos
y a cielos estrechos.

Deja ser salvaje al que sueña con libertad,
deja que cante, deja de ajustar su cara a un lienzo cuadrado,
él no es óleo plano, es volumen y tiempo,
gris profundo y brillante, color indefinido de otros mundos.
Es composición de muchas melodías,
las olvidadas, las prohibidas,
las que denuestan al farsante discípulo de credos.

La moral es un artificio del que sueña servir,
pero se alimenta del desprecio de la libre condición
humana.
Detesto al que se ufana correcto,
el compás de sus hombros es ajustado al tamaño de su ego,
hipócritas acciones que se engendran en el deseo de
control
y dominancia y alimentan de alpiste y paja a los débiles de
voluntad.

¿Qué buscas a mi lado?
¿De qué está hecha tu piel?,
¿de qué tus labios y el color mezquino de tus ojos?
El reflejo de tu rostro me atemoriza.
Eres la escarcha del placer
y el juicio verdugo de mis sueños de infancia.
Hoy que conozco la esclavitud,
prefiero formar mis alas,
colocar en ellas los años, la historia,
la pesada promesa del amor eterno
y preguntarle a Dios de su utilidad.

He podido respirar,
he podido abrazar a la bestia
y susurrarle un hermoso «todo está bien».

Condecorado con una lanza

La vigilia nocturna termina,
el sol sale de entre las montañas.
El portador de la lanza surge airoso.
Flechas, dagas, palabras rebuscadas
que decoran el nombre de Dios,
falsos testimonios de un supuesto entendimiento.
Maestro le dicen los encorvados oyentes.
Él se ufana de ser ordinario,
aunque se nombra el elegido
para domesticar sus pasos al edén.

Aquel que sabe, es infante y no pretencioso.
Es libre de mancillar a Dios con sus palabras,
es más bien simple, sonriente y aterrizado.
Sus acciones muestran el velo auténtico de la divinidad.
Sin adornos ni frases rebuscadas,
sin el pronunciamiento de la verdad,
como bello árbol que se extiende y se arraiga,
como poesía vital congruente a su condición de libertad,
como aquel pájaro que reposa sobre el árbol,
esperando la hora de salir a volar;
o la bella mariposa que, sin argumentos torpes,
se transforma en sinfonía del paisaje,
acariciando el viento con sus alas.

El niño sostiene la pluma y la sonaja enfrente de mí.
Me muestra, con una luz tenue,
lo equivocado de mis palabras,
lo perdido de mis actos, lo incongruente de mis
pensamientos.
Con una simple postura desdobla la magia de todo un
concepto,
la humaniza y la vierte en sagrado té.

Qué profundo rezo, qué profunda intención,
todo él se ilumina de un blanco casi puro,
propio de un espíritu noble y elevado.
Recuerdo mi niñez y el sabor de los días de verano.
Siete años y una sonrisa natural,
el reflejo de un alma sin vestimentas complejas,
el don de la humildad.

Allá voy, para no castigar mis pies con pesados argumentos.
Allá voy, al camino del entendimiento,
del encuentro, del vivo estado de libertad.
Sin palabras, con un silencio profundo y prolongado.

Tras la condecoración, la lanza se clavó en mi pecho,
partiendo en pequeños fragmentos mi ego.
Lo poco que quedaba de él pudo salir por la puerta principal
y fue llevado con todos mis tesoros,
los que he acuñado por tanto tiempo
y de los cuales se alimenta.

La sagrada consecuencia de conquistar mi ser,
la capacidad de doblegarme para así resurgir
como aquel niño medicina;
con corazón dispuesto y postura firme,
enmudeció mis palabras, las hizo vagas y tortuosas.

Al paso, mientras volvía.

Me di cuenta que toda esta bitácora es una parafernalia, un burdo boceto de mi ego.

Lo básico (lo sublime) está en los siguientes textos, aquellos que nunca serán escritos, pero que viviré.

Amén.

CAPÍTULO 4
FUEGO, EL GENEROSO ACTUAR, TRANSMUTACIÓN Y LIBERTAD

La condecoración de Benjamín

El fuego se ha encendido

Las sonajas y el tambor están listos para recibirnos, para hacernos danzar la sintonía del padre. La medicina entra acompañada de ofrendas de tabaco. En círculo comienza el rezo, un rezo unido en espíritu y de la mano de los ancestros.

Nosotros tres somos nuevos en esto, pero con disposición nuestras almas caminan certeras, al entendimiento de la verdad.

Los cantos nacen desde un lugar que no está definido. Tambor y sonajas vibran como ondas agrandadas en la magnitud del cosmos. El sacramento inicia, con reverencia y un rostro simple. Mis manos toman el sagrado néctar. El regalo celestial que nos han mandado, para así abrir los verdaderos ojos y observar la maravillosa nobleza del creador.

Los niños descansan en su mayoría, pero hay entre ellos corazones guerreros que buscan sostener la lanza, impetuosas voluntades que en postura firme se regocijan con el canto y sostienen las plumas de aves.

La hermosa luz del fondo, aquella que nace del rincón donde está sentado Vico, ilumina mi corazón, lo impregna de la gracia infantil de un niño. Me recuerdo a los siete años, jugando libremente en el patio de mi casa. Un regalo conferido al mismo punto donde nace mi mirada, al centro mismo de mi ser, allí donde mi espíritu abraza el círculo de los que estamos presentes, ahí donde la medicina hace magia y la voz del padre se escucha como un eco permanente, único e irrepetible.

El rezo de una niña se eleva poderoso en espiral, mientras su hermano menor la honra y mira con respeto. No hay distinciones entre los presentes, nuestra misma estatura se reconoce ínfima ante la grandeza del gran espíritu.

¿Hasta dónde se ha llevado el humo del tabaco el retumbar del tambor y las bellas intenciones de nuestros corazones? Más allá del río y la montaña, más allá del dolor y las noches largas. Allá donde todo es generoso, allá donde la verde textura de la medicina es la sedosa tela que revela los profundos misterios del hombre.

La segunda ronda es un festín, una danza poética que aviva las emociones más nobles, y libera del miedo y del dolor a muchos asistentes. Es la palabra hecha un redoble, es la figura sagrada de guerreros arrodillados al único motivo de humildad, el reconocimiento del padre en la totalidad. Él reconociéndose a sí mismo a través de este círculo sagrado.

Qué hermosa luz vuelve a iluminar el rincón, ahora señala a los bellos niños que duermen plácidamente. Es la imagen perfecta del reposo, sentirse cansado para así soñar tiernamente con el colorido encuentro de lo sutil y lo manifiesto. Suena y se eleva el canto. El tabaco, la salvia y el copal purifican la atmósfera al ser depositado en el abuelo fuego.

Aquí estamos mirando el esfuerzo de un hombre, el trabajo manifiesto de la gracia de Dios en vida. En la condecoración de Benjamín, el joven sabio que ha despertado de un largo periodo de ensoñación. Hoy porta la lanza, aquella que afilada hace quebradizo los egos humanos, aquella que es la palabra y la verdad. Aquella que, en el andar de los días, rompe el miedo, el odio y la cobardía. Aquella que ha sido pasada por muchas generaciones para el servicio de Dios.

Enhorabuena, Benjamín, tus manos hoy son bálsamo de curación y tu frente un espejo altivo del hombre que pudo reconocer a Dios en su ser.

Qué sople el viento y se ilumine el cielo, qué los pájaros trinen, porque ha amanecido en Tepoztlán, honremos el alimento y nuestra capacidad de andar. Hoy nuestros pasos reciben la fuerza y el rumbo, hoy nuestra voluntad es franca y unida; hoy todos somos medicina, alimento que nutre almas y da esperanza al que callado y triste ronda por el rumbo de la vanidad y el desamparo.

La medicina ha consagrado su hogar entre las montañas, donde el hombre aprendió a caminar descalzo y a hacer lo que le es propio, lo virtuoso, lo que dura por siempre. Lo que los abuelos descubrieron al mirar las estrellas y la tierra nutrió al hacer crecer el maíz. La magia de estar vivos en conexión con el creador.

¡Hemos despertado!

Iyari

Se aleja volando el águila, directo al sol del atardecer. Algo le ha dicho, que estar rodeada de hombres, le quita su condición real. Busca de nuevo la montaña, los árboles altos de las faldas del volcán. Vuela hermosa entre los naranjas del cielo, con perfecta extensión de sus alas.

Ofrece cenizas el fuego celestial, el pasto verde se cubre de gris y blanco, y su plumaje se adorna de rojo incandescente con llamas ardientes y destellos de luz.

Son las nubes las que hacen llover polvo, son los lagos los que reciben carbón, un tiempo más allá del agua, el estado biológico soportado en hierro y zinc.

Águila que vuelas sobre las miradas de los inocentes, sobre los rugidos del hombre león. Escapas del arco y la flecha, del primitivo aire del plano inferior.

Han venido desde el norte, desde el cerro del quemado, los guardianes del cobre, y amigos del desierto. Majestuosos seres azules con cornamenta. Solemnes contemplan el trueno terrestre. Ha llegado la hora de limpiar las huellas, de secar los suelos, y volver medicina las flores desérticas.

Ha llegado el tiempo en que el águila pierda el fuego y el zopilote oscurezca su piel. Una nueva era está empezando, un collar de granos y semillas, un bastón de madera milenario y torcido.

El sol está por ocultarse, los rojos se han hecho azules índigos; los vientos, frías ventiscas de arena. Hoy se atestigua cómo el hombre sigue colocando piedras en vertical para honrar a sus Dioses, pero sus tótems son bajos y sus manos débiles, ya no alcanzan la suficiente altura para traer el agua, y hacer crecer la semilla.

El águila se ha ido, el cielo oscuro eterniza la imagen del color negro, del vestido de la noche, y da inicio al canto de la lechuza. Los visitantes del norte con respeto bajan sus miradas, sus cuernos apuntan al sagrado fuego.

Ha nacido de entre las cactáceas la estrella del mañana, hija de la tierra y de la ciencia, hija del rezo y el peregrinar a caballo, hija de la medicina.

Los brazos extendidos de la cruz, se hacen pequeñas huellas y sonajas, listones bellos que sujetan la melena de la hija tierra. Anda a ver su piel, anda a ver su luz. Dime si es verdad que en sus ojos se guarda el pasado y en su frente nace la esperanza.

En esta pequeña esfera viajera del cosmos, el fuego sagrado nace del centro y la luz germina en el desierto. La promesa fecunda de la conciencia, la evolución del hombre a su hija tierra. La era del sagrado alimento y el reposar del ego. La era del fuego y el fruto del desierto. ¡Ha nacido!

El bosque

Se han encontrado en la humedad,
entre las rocas y la vasta vegetación.
Se han observado, interpretado,
moviendo sus cabezas
y haciendo extrañas oscilaciones con sus extremidades.

El anfibio, el reptil y el hombre.
El veneno, la sospecha, la vejez.
Suave piel verde y húmeda,
posición reptante vertical,
adherida al tronco de un árbol gigantesco.
Piel arrugada y ceniza, posición de loto.

Lo que sobrevive en la lluvia,
lo que la espesa neblina guarda.
Confín del subconsciente,
representado como un bosque pantanoso,
donde la luz escasamente entra,
donde estoy atrapado, oculto del espejo cotidiano,
en la espesa humedad, en las largas noches verdes y
musgosas.

Obsérvame insecto, mil años han arrugado la piel de mi rostro.
Acércate, con mi lengua puedo saborear tus alas…

Uno aprende a desollarse,
aprende las técnicas quirúrgicas del que no tiene piel.
Incisiones finas, antes de encender el sagrado fuego,
antes de esperar la noche y ofrendar tabaco.

Uno aprende a desgarrar sus entrañas,
a lavar sus vísceras con agua y nardos,
aprende a secar la humedad
y extraer de ella los malos hábitos.

El patio de asoleado está adornado,
como en antiguos tiempos se vestían los templos.
La sordera de mi oído derecho
nace del tributo a la neblina y al desierto.
He querido apartar de mí esta sensación de presión interna,
de profunda soledad, de lejanía,
este eco hueco sin sonido
que se inserta más adentro de mi tímpano.

Posiblemente venir a misa me ayude,
el canto sagrado del Gloria libere esta opresión auditiva.
Parecieran siglos el tiempo transcurrido desde mi última visita,
la textura de mi piel es más rugosa, más crepuscular.

Arrepentidos, mis ojos no sostienen su mirada al altar.
Sigo honrando la caja y el mármol,
sigo cantando sin entender la voz que nace de mi garganta,
sigo acobardado de rodillas y sin piel.

Promiscua manía de mi espíritu poeta, en tiempo de vigilia,
con gula se sirve del plato de experiencias falsamente
etiquetadas
con el nombre de ceremonias.
A decir verdad, la sordera viene de esos festines
y el hambre del hueco profundo de una mente alborotada.

En Vuelo

Cuarenta y un mil pies de altura, cruzando el polo norte en dirección contraria a la rotación terrestre. El asiento de *business class* para un vuelo de quince horas es el espacio neutro que ocupa mi cuerpo. El 4J: la verbalización fonética del número cuatro, en japonés, es la palabra muerte. Nada que agregar a la mera coincidencia, solamente, la ironía de mi destino, el lugar del Sol Naciente.

Viajo en el asiento denominado muerte al lugar donde nace el sol en este planeta.

Demasiada poesía en la alegoría de un trayecto, me hace considerar la posibilidad de un retorno al camino luminoso. El periodo de penumbra y muerte concluye para nuevamente servirme al sol y la luz.

Coincidentemente vengo leyendo conferencias de un Maestro iniciado.

Tokio es absorbente: despersonaliza y te vuelve insignificante.

Onsen

Bajo el cielo de Aries, en las montañas cercanas al monte Fuji, he llegado a un hotel construido hace más de un siglo. Aquí reposo y limpio mi cuerpo de todas las impurezas, físicas, emocionales, mentales. Escucho cómo el agua cae en los jardines japoneses, estoy comenzando a entender la solemnidad de este recinto. No sólo es un hotel, es un lugar de purificación, especialmente para los guerreros y los Dioses. Soy afortunado al poder sumergirme en las aguas termales, mismas que contienen los minerales de esta cordillera.

He estado muy mental, separado del flujo divino. En contienda y lucha, enaltecido por el ego. Quiero descansar y callar un día, honrar la sagrada agua que fluye por esta tierra, que serpentea como lluvia entre las rocas de esta montaña escarpada.

Esencias orientales, dioses naturales, gracias por recibirme a pesar de mi hedor. He estado vagando por lugares fangosos. Mi rostro luce algo viejo y plano; quiero brillar, empapado del júbilo del niño interno.

Ritmo

Con la respiración he alcanzado el profundo nocturno del bosque japonés, he olvidado las colinas y las fragancias. Con la respiración he sintetizado mil frases, las he convertido en un único signo. El kanji es un símbolo con trazos perfectos, delicado y fuerte, con espíritu guerrero, el arte de escribir, el arte de caminar veredas empinadas, sin la prisa habitual de los que andan planicies, sin el pesado hábito de atropellar palabras.

Al parecer sigo bañándome en el onsen, aunque mi cuerpo reposa en el hotel de Kioto. Mi tiempo está acordonado en las afueras y mis entrañas nacen del azufre maloliente del volcán. ¿Qué es este desfase del tiempo-espacio entre mi cuerpo y mi conciencia? El ritmo lento con el que se toma el té, sigue marcando el compás de mi garganta. Ha sido un remolino caótico mi mente en este viaje, pero algo más sutil y elevado quiere marcar el paso, algo inherente a este país y su cultura. Algo que observo en los perfectos dobleces de las toallas. Algo que sabe a armonía y callada figura de una musa oriental. Los detalles y la fineza con que el espacio se entremezcla con el tiempo, nada se apresura ni se eterniza, es justo y parsimonioso. Se observa en el rostro del anciano que conduce el taxi o en la señorita que me recibe en el hotel. Es el suave ritmo de preparar el baño, de limpiar el cuerpo y de ir a dormir. Algo complicado de entender para esta mente mía, que se obsesiona con la finitud.

Puedo sentir mis pies suaves, generosamente suaves. Hakone y sus termas los sanaron del pesar andar sin rumbo. Ha llegado la conciencia de lo sagrado algo tardía a mi entender, pero perfecta para seguir viviendo la experiencia de este hermoso país. Por algo los sakuras florecen en estas fechas, me quieren mostrar la bella danza del canto vital, que no es lento, tampoco apresurado: es melodía del divino murmullo de Dios.

Esto es yoga, esto es poesía. Esto es Japón en primavera.

Sintonía cero

La hermosa poesía del espíritu celeste
vierte en mis manos las notas del solitario paso.
Avistado en la pequeña cumbre
donde el pasado se detuvo
y la exigencia del silencio se ha hecho norma.

El tierno y pálido rostro capta la imagen de mi familia.
La palabra «mi» me resulta demasiado asfixiante y
pretenciosa,
cargada de vanidad y ego, de apetito e insaciable deseo.
Las estrechas calles de una ciudad insípida,
los comunes rostro del individualismo,
reflejan los tintes de nuestros corazones
y el cansancio acumulado de nuestras piernas.

El río separa los grandes rascacielos
mientras los puentes buscan acortar la distancia.
Mente y cuerpo se acarician en una humanidad llena de
símbolos.

Dejé caer desde las alturas las miradas del pasado,
me encontré con la altitud, con el horizonte prolongado
y los cinco picos de las montañas.

Mis ojos contemplan la modernidad, el anhelo,
y el común encuentro con lo práctico.
Seúl: el cautivo espíritu detrás del maquillaje.

Aquí estoy

Hasta que tú y yo logremos coincidir
seguirá el carrusel girando,
seguirán las flores abriendo en primavera
y las olas del mar no cesarán su ritmo.

Esta poética ficción, esta amorosa prisión,
esta cadena biológica es el prisma de mil puertas.
Una de ellas la más preciada, la llamada vida.

Entre tanta magia, sólo el sabor del agua me enaltece.
Sólo su memoria me sabe nombrar.

¡Aquí estoy! No olvides nuestro pacto.
No olvides los nocturnos rezos
ni el justo movimiento planetario
por el cual mi cuerpo engendró su semilla en esta tierra.

Algún día volveré
y multiplicaré mi gracia en el canto permanente,
allí donde reina la quietud y el eterno cielo.
Allí donde todo comienza y todo acaba,
donde no hay tiempo ni espacio.

Latitudes prisioneras

Sombras, miles de sombras.
Cientos de ellas,
en corazones, en miradas, en rostros.
Impregnadas de oscuras sonrisas,
de mancillada agonía, de sinceridad.
¿Qué tan oscura se ha vuelto la tierra?
¿Qué tan negras las alturas?
En mi abdomen se guarda la sombra del viejo hábito.
En mi pecho la sombra del aturdido llanto.
Oscura vanidad, que envicia mis encías,
oscura y perpleja vanidad, sombra piramidal que se expande.
Deja mirar por los pequeños orificios
para sentir pena por cobrar el andar honesto.
¿Hasta dónde se extiende esta penumbra?
Estas huellas sombrías del comportamiento humano:
no ha servido de nada ir a Oriente.
Allí también se expresa el hombre entre ocultos gestos.
He de moverme en otro eje,
el horizonte está infestado de sombríos valles.
Los cielos son bajos y mis alas han perdido su capacidad
de volar.

El interior se ha vuelto un lugar distante e inaccesible,
ya no hay lugares sin sombras.
Ya no hay poesía en el espacio.
Las luminosas pantallas de smartphones
están repletas de almas sumergidas en metadatos,
de pupilas ensombrecidas y gargantas secas.

Labrador

Necesito volverme tierra
y evocar en mi cuerpo las trazas de una herencia.
Necesito volverme tierra
y secarme al sol del mediodía.
Necesito volverme tierra
y sostener las llamas de un fuego sagrado.

Nativos cantos, rostros morenos, rostros terrosos.
No hay sangre en la sequedad,
no hay humo en el árido desierto.
Maestro silencioso, lanza acordonada en cuero,
espíritu del halcón, espíritu del eco nocturno.
Abuelo fuego, alma distante del hombre,
rojo pigmento del tambor ceremonial,
te esfumas gran maestro, te haces tierra y fuego,
te haces eco nocturno.

Mi puño derecho resguarda semillas.
Las llevo cargando largo tiempo,
¿qué hago con ellas, maestro?

¡Esparcirlas, no me pertenecen!

Nuestra Estrella

Aparecimos.
Nos hemos acercado.
El zumbido y las flores se funden en el mañana.
La vejez es un poema que queremos encontrar en conjunto.
No hay notas escritas de un amor perfecto.
Es el vivirlo, lo que lo embellece.

Salta y esconde tus carencias en la maleta del olvido.
Estamos dotados de plumaje invisible,
de labios silenciosos y de manos cariñosas.
Nuestra estrella vuelve a brillar,
se aproxima a nuestro lecho,
se hace luminosa y hermosa viajera.

Meditación

Algo me vuelve a conectar con las aves,
con aquel juguetero que cuidaba del bello ruiseñor con recelo.
Siento la conexión con el halcón y el bello trinar de los pájaros.

Algo me dice que siga su instinto,
que libere mi ser de la jaula de mis cuidados,
que extienda mis alas, que vuele alto.

¿Qué significa el halcón en las mitologías?
Poco a poco comienzo a entender el idioma de los pájaros.

Ayer vi a un halcón atrapando a una presa y levantar el vuelo.
El pasado viernes lo vi reposando en una rama
y conecté con su vuelo bajo.
En una meditación, el abuelo nativo americano se volvió halcón.
¿Qué me quieren decir todo esto?

Ayer vi a un amigo, él sembró el concepto de la jaula de oro.
¿Cuál es mi jaula de oro? ¿Esta fisicalidad? ¿Este cotidiano
andar?
¿Cómo puedo liberarme, sin dejar de resonar bellamente en
esta vida?

Quiero expandirme, no acotarme a esta dimensión,
quiero seguir sintiendo los bellos frutos de este mundo
sensorial.

Gratitud

Abrazado del cobijo de un amor infinito.
El alba comienza a hacerse presente.
El canto de las aves, me recuerda que estoy vivo.
Gracias Dios, por un día más.
Gracias por mi familia y todo lo bello que me acompaña.
Gracias por esta mañana llena de esplendor.
Gracias por mi cuerpo y mi capacidad de andar.

Sigamos cultivando flores, sigamos embelleciendo el mundo.
Ya bastantes sombras agitan el campo.
Ya bastantes años la cólera escupió semillas.
Andemos descalzos y livianos por el sendero de la bondad.
Honrando la bella palabra de las vírgenes
y al amoroso vuelo del halcón.

Vuelvo a agrandar mi ser, al empequeñecer mi ego.
Vuelvo a sentir la vida más allá de mi cuerpo.
Vuelvo a entregarme a Dios.

El inconforme

El trazo del hombre en el boceto de la modernidad. El visible colapso de su estabilidad emocional. El poseerlo todo y no sentirse a gusto. El marginal delirio del establecimiento del fundamentalismo. La vaga noción del espíritu libre, si es que realmente existe. Lo hacen actuar y parecer inconforme, empequeñecido y vago. No sabe lo que quiere, incluso no cree necesario querer algo. Y a la vez en su composición química, las reacciones que suceden en su cuerpo dan muestra de un sistema en desorden, poco funcional y con exceso de fugas de energía.

La reciente lectura lo convierte en una marioneta sin voluntad, condicionada a años y años de figuras retóricas y arquetipos preconcebidos. Es masa viviente y sombra de una mente colectiva, es caspa y lípidos de un cuerpo sutil y a la vez concreto.

Para el inconforme, esa inconformidad es lo único que le queda en el estatuto de su libertad. Quizás la queja y el malestar es lo que lo motive a moverse. Quizás es un eslabón más de la infinita cadena de sujeción.

Ahí está expresando sus quejidos con palabras y un rostro arrugado, ahí está deseando ser ligero, pero con una espalda enlodada.

Ciertamente, está cansado de este transitar mental. La prisa, el continuo malestar por su inconformidad ante cualquier cosa, lo sitúan en displacer generalizado.

Tiene ganas de perderse, de alejarse, de comenzar un largo caminar, un peregrinar entre campos y carreteras. Simplemente para provocar una acción sin un fin específico y con ello asumir su esclavizada condición. La no coerción, el no propósito, la mera inconformidad en una acción sin sentido, sin caminos adornados con metas.

Esa dinámica corporal que se automatiza para simplemente ceder al escrutinio de un ser sin voluntad, de un ave surcando los cielos magnetizados, de un pez nadando a través de las corrientes de un mar iracundo, de un sol esclavo de su gravedad y grandeza, de una tierra condenada a girar cíclicamente en su órbita.

Si el universo no tiene libertad, ¿cómo este inconforme se puede jactar de algo tan escaso? ¿Qué es ese zumbido que parte el silencio? Un quejido más del insecto, un murmullo más de este falso orden celestial.

El inconforme alza la voz, no se escucha, sólo oye ruido y vehementes reclamos. En los rincones, en los muros, a sus espaldas, la única constante es su incapacidad de sentir comodidad. Está asustado y con displacer, está flemático, oxidado, estéril, pero con el único imperativo que refuerza su condición, la ruptura del orden, del flujo de lo armonioso, del estado de paz, que es la completa aceptación de la irrelevancia del hombre.

Es ese mástil que rompe el mar, es esa grieta que separa las placas, es el condicionante principio evolutivo de mejora. El algoritmo que a través de la inconformidad iterativa reinventa el sistema. Los ojos críticos y el dedo creador de un concepto llamado Dios. De una conciencia autor, reguladora y crítica de sí misma. ¡Inconforme!

¿Qué es la paz entonces? Es el triunfo máximo de la esclavitud al sometimiento de un sistema que no es perfecto, pero en el que el hombre se establece a pesar de sus fallas. O es el estado supremo de la perfección donde se asume un sistema sin defectos y por ello el hombre decide establecerse en él y deja de iterar su crítica e inconformidad. O quizás este algoritmo llamado hombre no es ese ojo crítico de mejora constante, sino la misma imperfección del sistema. Luego, entonces, la paz es la propia conquista y autosometimiento del hombre, que ejerce su voluntad al liberarse de su propia condición de inconformidad y falla, para así superarse.

El inconforme se sienta a la orilla de un árbol, por un instante aprecia la quietud, la ligereza del tiempo y el ritmo natural de todo lo que le rodea. Lo básico en su postura siembra en su respiración un perfecto compás, escucha el trinar de cientos de aves, escucha el latido de su corazón en perfecta movilidad. Es entonces que observa a un niño que, en actitud desinteresada, le sonríe. El inconforme se atreve a romper su estado y le pregunta si el universo tiene libertad. El niño le responde que depende, que sí tiene libertad, pero en un sistema cerrado porque depende de un patrón a elegir, que su experiencia es cíclica y en su expansión invariablemente siempre regresa al origen. Aunque en su expresión asuma diferentes patrones, está condenado a su retorno. El niño sonríe y se va, sin permitirle profundizar en su respuesta. En extraño paralelismo con la partida del niño, el vuelo de un zopilote interrumpe su elíptica y se aleja hacia las montañas.

Así lo que estaba quieto volvió a agitarse, lo que yacía en reposo volvió a increparse y el inconforme retomó su condición de queja, de aparente libertad o profunda esclavitud.

Mañanas de mayo

Las aves en mayo cantan con mayor ímpetu y armonía. ¿A qué se deberá que, en estas fechas de cielos sin nubes y oleada de calor, estos seres reciten versos y dialoguen con especial retórica?

Las mañanas están siendo algo poéticas en mi amanecer, sus cantos crean una especie de atmósfera, de membrana magnética que resguarda mi casa y mi ser.

Durante una hora la sinfonía me hizo, poco a poco, prepararme para un día más en este mundo, para un registro más de este cuerpo rodeado de grises marcas; cicatrices de una sociedad enferma, de una especie enajenada y vagabunda.

Este trinar me ayuda cuando el exceso de cemento y smog acumulado me desgastan. Es un suplemento vital, el verdadero despertar de mi ensoñación.

Por momentos creo entender su canto, me alegra seguir recordando el principio alegre del sonido, que no rompe abruptamente el silencio, sino que lo enaltece con frecuencias acordes al fluir del viento. No hay por qué generar ruido. Sólo el hombre, grotescamente y por miedo, rompe el estado sinfónico del viento. Entre la euforia, la incongruencia y el temor; sus gritos, su bullicio y su necesidad de manifestarse ante la incapacidad de sentirse, hacen de la vibración un tormento. He ahí la perfecta gracia de los pájaros, su canto es un andar por las túnicas blancas de las nubes, es una caricia y un sagrado himno, es el regalo del sol y la frescura de la madrugada, es la tenue ligadura entre mi ser material y el mundo sensible del cual vengo.

Ya veo por qué los árboles les dan morada, ya veo por qué la tierra les da alimento, ya veo por qué las mañanas los escogieron para anunciar su llegada. Qué afortunado soy al descansar cerca del santuario de estos seres. Espero que este continuo despertar me lleve a un mayor entendimiento del hermoso arte de vivir.

A pesar de que la sordera visite por la noche, este canto matutino limpia mi memoria y esclarece mi mente. Buenos días hermosas criaturas, que su trinar se eleve hasta donde el hombre común pueda apreciarlo, donde los corazones enfermos puedan retomar el armonioso balance, donde un rostro cansado pueda sonreír al recibir el nuevo día.

Gracias Dios por tu canto, por tus odas, por hacerme pequeño y con oídos grandes para escuchar tu sabiduría en el profundo silencio del trinar de las aves. Allá donde el ruido de mi mente no puede irrumpir su gracia, allá donde el reflejo carcomido de mi hermano hombre no distorsiona la esencia pura de lo sagrado.

Que sigan las aves cantando y el viento expandiendo su alcance. Es hora del despertar del hombre aturdido, es hora de elevar el trino a nuestra condición humana, ser sinfonía y reflejo de un Dios poeta, de un Dios canto.

Mañanas de mayo (segunda parte)

Siguen las aves hablándome, siguen recitando hermosos poemas. Cada mañana tienen a bien impulsarme al sereno andar, al que no cambia su rumbo por pequeños adornos, ni reposa en la sombra del maloliente barranco.

También entre las aves hay diferencias, también entre ellas el graznido se oculta, pero sus secretos son armaduras de supervivencia; no como el hombre que se oculta y miente por mera sátira ontológica, por mero destierro y afición.

Al levantarse el sol, el trinar de los pequeños pájaros me da el son del día, me extiende un tablero blanco con vivos colores, pequeños fragmentos de una vida en composición. Del iluminado camino, el que no requiere calzado ni vestimenta. El que llama al fuego interno del hombre a expandir su calor al distante olvido de su historia real.

Seres poetas que me hacen elocuente y profundo, aves postradas en la cúpula de un templo milenario, recitales matutinos en este valle invadido de concreto. Vuelos que danzan al vaivén del canto.

Salgo a mi terraza y en este palpitar sagrado, las ventiscas frías se entremeten en mis poros. Soy también ave, pero sin plumaje, soy también golondrina, pero sin la prisa por migrar. Mayo, este mes de la lírica y la elocuencia, este tiempo de revelación, de ligereza, de contemplativa espera por la lluvia sagrada que baña los campos de vitalidad y memoria.

Práctica de Kundalini

Durante la clase de yoga, el oleaje sereno de la vibración tuvo momentos mágicos de sincronía. La simplicidad del niño llegó a través de la risa. Jar, Jar, Jar, Jar, Jar, Jar, Jar, Jari liberaron la alegría contenida por el juicio. El maestro perro lo reconoció y celebró con un hermoso y prolongado aullido.

En el final de la práctica, mientras meditaba, el halcón y la serpiente cohabitaron en mi cabeza y abrieron un portal piramidal de obsidiana, mediante el cual convergí con mi amigo y maestro Tecpatl, con los que le rezan a la medicina en Ciudad Juárez y con mi Madre que está en un proceso de transmutación.

Todo mi lado derecho está castigado por el exceso de ejercicio, reflexiono en ello, aunque no encuentro mucho, simplemente la sobrecarga de expectativas que he fijado en mi cuerpo (entiéndase cuerpo no sólo el cuerpo físico, sino toda la concepción de mi identidad, de mi nombre, de mi proyección en este plano material).

Estoy exhausto y con muchas capas, y a la vez, puedo encontrar en mi interior un espacio de quietud. Esa quietud que va más allá de un mero estado de tranquilidad, pues se establece en un sitio que no es tangible, ese lugar del eterno descanso, donde no hay tiempo ni espacio, sólo un profundo estado neutro resguardado por una especie de guardián inerte, que vigila el borde entre la quietud y la infinita posibilidad latente del ser manifiesto.

Recuerdo la ceremonia donde en ese estado de azul profundo, atestigüé la infinita calma de la quietud. Durante la meditación final pude establecerme nuevamente en ese estado.

Una idea algo inquietante también surgió durante la práctica: la transmutación del cuerpo de mi mamá, de su ausencia material, de su envejecimiento y su partida. Algo está sucediendo en su energía, algo que está en preparación, en clara partida, en un inicio despacio al callado estado de quietud. No puedo llamarle muerte, porque no lo entiendo de esa forma, sólo siento un desprendimiento, una paciente caminata a la liberación del cuerpo (entiéndase cuerpo como lo antes descrito), quizás no simbolice la muerte física, sino la liberación de su apego a esta vida física, su iluminación. Sólo el tiempo lo dirá.

El halcón y la serpiente se intercalan, y por momentos conviven en el mismo tiempo espacio creado en mi cabeza. Ello me hace percibir la pirámide negra de cuatro lados suspendida entre mis brazos. Ese portal que me hace posible estar en varios lugares, en las sensaciones de varias personas con las que comulgo sin necesariamente estar.

La expansión de mi ser me enseña la vasta posibilidad de expresión vital que poseemos los seres humanos, la increíble biblioteca de sabiduría a la que tenemos acceso, y la posibilidad de eternizar un momento al liberarse del tiempo. Somos seres cósmicos y portales de conciencia divina.

Cuando Fer, la maestra, nos pidió que nos abrazáramos y nos dijéramos bellos cumplidos, sólo me vino la idea amorosa de reconocer que estoy vivo, que soy vida. Esto me despojó del abrigo pesado de un cuerpo, de un rostro, de un relacionamiento, permitiendo abrir mi ser a la bella óptica de la serpiente y el halcón y enviar, como la muestra nos pidió, un rezo al infinito; que en mi caso fue la simple, pero poderosa palabra «Paz».

Mientras escribo me resuena el canto de los abuelos. Quiero creer que puedo alcanzar la tranquilidad que emana de ti. Quiero creer que con mi danzar, yo puedo entender lo que es el morir.

Y es que el señor de la quietud ya viene por ti, por mí, por ti. Mictlantecuhtli viene por ti, Mictlantecuhtli viene por mí. Mayero mahei mahei, mayero maho maho maho.

El feligrés

Inhalo profundo. Tanto que mis pulmones gritan basta.
Aquí estoy sentado y sin argumentos,
acorazado en el tiempo de un cotidiano porvenir.

Rocosas sendas para un espíritu flácido y quebradizo.
No añores el hábito negro.
No confundas la limosna con la ofrenda verdadera.
La casa del somnoliento rezo
es por mucho la mirada del ego retorcido.
Acechamos como seres de carne rojiza,
con hambre y sed, con gargantas roncas y humor maloliente.
Venimos a orar, a pedir de rodillas lo que no entendemos.
Entre más te inclinas, más pareces un grito contenido,
pequeño trozo de madera verde que no enciende en la
hoguera.

Caminas en reversa con falsa devoción,
allí en el centro cierras los ojos para escuchar la palabra.

¿Por qué el fuego del cirio no encuentra la calma?
¿Por qué su llama irregular protesta el servicio del hombre?
¿Acaso estamos profanando el misticismo sagrado?

Ave blanca, libre estrella que provees al habla con lenguas
extrañas.
Sabemos del hombre, por las fábulas antiguas.
Sabemos del cielo, no por nuestra mirada altiva,
sino por nuestra frente agachada.
Me arrodillo, sin cuestionar si quiere la esencia de mi postura.
Soy el que viene con vergüenza, soy el que en el callejón
llora.

Embriagado del ciego estado de absorción,
del gris sueño del hombre contemporáneo.
Asaltado de inmediatez, de insípido gusto por lo superficial.

Hemos venido a orar, pero sin razón concreta.
Nos impregnamos del sonido barroco del órgano eclesiástico,
pero el ruido del cerdo pensamiento
no deja sentir las notas a profundidad.

¿Qué hay de sensato en este rezo del feligrés?

¿Qué es un cumpleaños?

En estricto sentido es nuestro relacionamiento directo con el sol y la tierra, el tiempo establecido a través de la danza cíclica de estos dos seres que hacen posible nuestra vida. Hoy cumplo cuarenta y dos años, con relación al tiempo que la tierra lleva girando alrededor del sol. Es algo completamente insignificante; sin embargo, cada suceso de mi acontecer es relevante para mi experiencia vital, y es por la única y sencilla razón que soy consciente de mi propia existencia, es el regalo que tenemos los humanos de no sólo estar sucediendo, sino de experimentar conscientemente ese suceso, nuestra propia existencia.

¿Qué es la vida, entonces?

Si lo analizamos en virtud de su acontecer, sólo es una iteración cíclica en relación al movimiento estelar. Si lo analizamos desde un principio más profundo y humano, es el despertar consciente de ese acontecer, el significado mismo de una posibilidad manifiesta y sobre todo una oportunidad de ser testigos de nuestra propia autorrealización y finitud.

¿Cuántas vueltas dará la tierra en el veintidós de mayo antes de que mi estado consciente y material se vaya a otro plano? Cada año tiene trescientos sesenta y cinco amaneceres y uno más al cabo de cuatro años. ¿Cuántos amaneceres realmente he observado?

El paso del tiempo para el hombre no es sólo esa vida cíclica, es algo mayor, es la plenitud de estar consciente de este paso. Es el ser testigo del bello suceso de existir en cuerpo y conciencia. Es abrazar los rayos de la mañana como un símbolo de gratitud ante la obra maestra de un viaje sin contratiempos, de este planeta que no se cansa de circundar a su estrella. Gracias a ello somos capaces de estar aquí y ahora, respirando del bello aire de la tierra.

Cuarenta y dos años son irrelevantes en el orden cósmico, pero son el gran regalo que me ha dado Dios para experimentarme a través del día a día, a través de una mente imaginativa y asombrosa, que puede eternizar el tiempo mientras reflexiona y respira, a través de las relaciones que voy forjando a mi paso y que al igual que yo son testigos de este despertar del alma.

Abrazar las memorias y vestigios de nuestros años pasados, respirar profundo y observar sin juicios el bello arte de vivir, que nos recuerda que al final de todo, eso es lo que somos, una pulsión vital en efervescencia, en manifestación pura, en consciencia objetiva de un principio creador.

«Feliz cumpleaños», el decreto de un alto, para observar nuestra profunda esencia, nuestra «Vida» sin adornos ni vestimenta, sino como principio y pulsión de un ser que por fuerza vibratoria se manifiesta, y por mera condición humana se reinterpreta continuamente. Para ser con ello, una obra escrita en continua invención en el contexto de un mundo en representación.

Contemplación después de meditación

El trinar de las aves cambia de trayectoria según el horario. Por las mañanas se desplaza de sur a norte, por las tardes de norte a sur. ¿Tendrá que ver esto con la polaridad magnética?

¿El sonido en el espacio se moverá cíclicamente? ¿Independientemente de las ondas con las que se desplaza, existirá una corriente espacial que fluctúa según el horario o la posición terrestre?

¿O este cambio en el sentido del trinar de las aves obedece más a su posición?

Ahora que son las siete de la tarde, siento que el sonido fluctúa de norte a sur, quizás es por la dirección del viento que lo arrastra hacia allá.

Reina y labrador

Del fuego sagrado que nace del vientre, ahí donde los hombres rezan y las piedras cantan. En ese espacio consagrado, que hace al hombre uno y al espacio un cigoto.

Los tambores suenan en la bella concavidad del temazcal. Nace la esperanza de una nueva generación, amiga de la tierra y promesa del viento. Una generación que sabe cultivar y arar la tierra, una generación que honra el agua y amanece sonriente ante los rayos del sol.

Se han olvidado las cavernas digitales, se han criado seres de luz, seres del desierto, seres medicina. Aquellos que caminan ligero, sin maltratar el campo, aquellos que atesoran granos y esparcen semillas, aquellos que en la rojiza tierra toman el néctar verde de las cactáceas.

Vendas sueltas vuelan por los cielos coloridos, vendas que se elevan con el viento y liberan al hombre de la ceguera. La desnudez deja de ser un mito, la palabra retoma su importancia, la belleza femenina vuelve al mando del sutil canto.

Cien mil grillos cantan y el trinar del pájaro abre la mañana, los horizontes de aquellos lugares sagrados vuelven a portar el símbolo esperanza. La tierra se viste con dignidad y flores, sabe la madre que han nacido los herederos de un paisaje fecundo, sabe que en sus pies y manos vendrá la fortuna de un renacer, de un iluminado porvenir.

Hoy el temazcal está caliente y recibe en su vientre el bello canto de vida, la hermosa niña del desierto, su gran heredera, su poema nocturno, una de muchos que harán florecer el gran árbol sagrado, construirán con su danza el verde velo del nuevo mundo. Hoy la tierra está de fiesta y honrosamente fecunda.

Los portadores que sostienen el trabajo, han acumulado dolencias corporales. Sostener un rezo nunca es fácil, pero en su pecho sigue fuerte el latido y en su frente luminosa la visión del nuevo tiempo. Comienza el despertar, comienza la siembra, comienza el viaje al nuevo espacio de fertilidad. No por algo el trinar de las aves es más poderoso, no por algo los truenos se ramifican entre las nubes, no por algo el graznido del cuervo se volvió al espejo lunar, para emitir en su impacto el eco de los mil tiempos. Así el eco resuena, así llega a los oscuros bosques, a las altas montañas y a los extensos valles, para anunciar el fin del confinamiento, el fin de la sordera.

Tambores y fuego ceremonial, humo que se eleva en homenaje, en gratitud a los abuelos. A los que escribieron las notas de este augurio, a los que marcaron en piedra la llegada del venado y el ocelote, los que con su tabaco sostuvieron al hombre en los tiempos oscuros. Abre tus alas hermoso halcón, abre y apunta el vuelo, joven viajero de las montañas, joven conquistador de los lagos, aquí estoy bajo tu sombra y vuelo, bajo tu plumaje y tu ligereza, siendo furor de tu trayectoria, siendo mástil de algunos hombres. Sonriente está mi rostro, sonriente el retrato de mi familia. Las veredas, aunque escarpadas, llevan al prometedor encuentro, al lugar donde nace el viento, y el frío de la cima teje la capa de mi espíritu libre.

Con pequeños hilos de plata las almas siguen al visionario, con hilos de oro el orador se enlaza con su creador, entonces la música del arpa y la lira sintonizan el orden divino, y el hombre que sabe de palabras calla. Profundo silencio, profunda quietud, sólo adornada con la bella sinfonía del trinar matutino. Que dice libertad, que dice esperanza, que eleva al último escalón el ánimo del hombre en reposo.

Amanece, es un domingo especial, húmedo por la lluvia vespertina y caliente por el fuego sagrado. Un domingo para disfrutar en familia del bello regalo que es la vida. El nacer de una reina y el cumpleaños de un labrador.

Portal tráqueo

Del oscuro recinto donde las palabras nacen, parte el vuelo del halcón. Su vuelo no es en alguna dirección concreta, puesto que en ese espacio no hay coordenadas. Pareciera alejarse, pero su aleteo lo sigue llevando a la profundidad. Así como la música se expande en ondas, pero la resonancia es guardada en la caja musical, así su vuelo, así su mirada, así su plumaje se mueve.

Mi garganta sigue esperando la luz primaria, aquella que comunica el infinito distante con el fuego, el que reposa en el pabilo de una vela, en perfecto equilibrio y distancia.

La oscura madre de mi ser tiroides, la oscura brea que corona la tilde de un murmullo, es alumbrada por esta extraña conexión con el fuego, que habla desde dimensiones lejanas, códigos y signos de lenguas avanzadas.

¿Dónde está el ave de este espacio tráqueo? ¿Dónde la oscura manifestación de una indefinida posición? Las alas de este oscuro emplumado, yerguen las luces y las llamas. El inicio de un sistema radial, el compás delineando círculos, órbitas que dan la sensación de finitud, pero que simplemente son los restos de un plumaje oscilante.

La voz resuena sin articular mi mandíbula, ella misma sabe descifrar los signos, que a medida que se internan en la madre oscura, olvida el rostro de sus mensajeros.

Puedo viajar en el tiempo a través de mi epiglotis, puedo coronar con brea las profundas entrañas de un espacio sin paredes. Es ahí, en la ligereza del vuelo, que el halcón y el cuervo se entrelazan; es ahí, que el llamado abre el tiempo y comienza el ciclo.

Recuerdo ser felino y experimentar la gracia de una perspectiva oblicua, la última vez que mi garganta conectó con el infinito distante, supe algo que pocos entienden. No hay gris en las sombras, ni agua en las profundas calderas, sólo brea y espacio, y un eterno vuelo sin dirección.

Ahora que mi garganta resiente los estragos del mundo, arcaico y vagabundo vuelvo a sentir el vuelo, vuelvo a acariciar las profundas cavernas donde se esconde la gracia del movimiento expectante. Posiblemente dé inicio a un nuevo ciclo de entendimiento, una nueva llegada de mensajes ocultos. Un nuevo pabilo con su llama encendida, un nuevo fuego que arde en las entrañas del recinto madre, donde mi ser, en vuelo nocturno y luminoso, resuena al vaivén de sus alas emplumadas.

Ante la distinción del cielo, mi ofrenda es ayuno y silencio. Ante la oscuridad, mi ave reposa con alas abiertas en el eterno vuelo de la creación.

Danza nocturna

El maguey ha acordado danzar. Se levanta la grulla y las salpicadas zarzas limitan el área de los tambores y la cascabel. Suena el tambor padre, y las sonajas madre. Las piernas morenas comienzan a marcar los pasos. Noche oscura y sin luna, noche de danza y despertar. El maguey, en el centro, extiende sus pencas y comienza a girar. Comienza a abrir su corazón al ritmo del tambor.

Serpiente que merodea el desierto, serpiente que con el zumbido del viento se arrastra donde las zarzas forman la frontera.

Es la magia del fuego sagrado la que destina pequeñas chispas de color al movimiento de los danzantes. Es el señor maguey el que con proyección de luz plata envía mensajes al cielo, es la serpiente la intriga intelectual que merodea la ceremonia.

Se lamentan por abrazos los que están fuera del círculo, se pierden en alcohol los que duermen detrás de las piedras.

Brujos y hechiceros con brazos abiertos danzan sentados y ofrendan medicina a la esfera oxigenada, al carbón y al bronce.

El imponente estado sutil de los observadores germina en la atmósfera un estado denso de solemnidad, de sanación, de suspenso.

Las aves que saben de migración detienen su vuelo, las castas que adoran al fuego rezan al viento.

El triángulo sagrado detiene el tambor, obra de sí y para sí, sin importar la festividad ni el ornato.

La bailarina, en desamparo, decide descansar. La soledad es un canto silencioso que agota su cuerpo, y que va arrancando de a poco sus capas, hasta hallarse desnuda y sin ímpetu. Necesita un abrazo y no hay nadie, más que la serpiente, que sin brazos se enrosca en su torso y la hace bailar.

El tambor vuelve a retumbar seguido de muchas percusiones, el maguey brilla y se extiende, los hilos de plata que proyecta forman bellas y distantes constelaciones. Del sagrado néctar de su piña nacen estrellas y movimiento. La danza nocturna ha despertado al desierto, la arena en remolinos se eleva y se distiende por las infinitas dunas del entendimiento humano, se estiran las cuerdas y las huellas de los hombres peregrinos, que en los atardeceres deciden reposar para ver la puesta del último sol.

Mago heredero de la sabia palabra, mago heredero del exquisito aire, contemplas la magia de la creación, la danza morena y el brillo del desierto, ¿a quién llamas en las alturas? ¿A quiénes suscribes tus manos?

El fuego cesa, se acerca el día, símbolo de redención para los esclavizados, símbolo de iluminación para los danzantes.

Vieja vasija que guardas cenizas de otros fuegos, aún tienes espacio para éste que termina, para éste que ha orado con la serpiente y la grulla.

Ceniza acumulada en una vasija de barro, el registro físico de la danza nocturna.

Aleluya, Aleluya.

Meditación

El humo se presenta en mi meditación, es un humo de ceremonia que nace del sahumador, soy limpiado por ese humo y rodeado por él.

Las partículas internas de mi cuerpo reaccionan ante el humo, parece que se vitalizan, y comienzan a vibrar sincronizadas.

El humo me ayuda a sentirme menos pesado y sin tanta molestia muscular. Aunque aún batallo por estar sereno en la postura, el humo me aligera.

Al final de la meditación, ya recostado, una luz enorme se manifiesta, se centra en mi entrecejo. Es tan brillante que llega a ser cegadora pese a mis ojos cerrados.

Postura y lienzo

El espejo de mil caras se ha fragmentado.
Todo en él cabe en una bolsa.
Todo su reflejo yace quebradizo sobre el suelo.

Mi cuerpo, acumulado de horas y horas de práctica,
sigue estando frágil ante la maestría.

Los lienzos blancos de una vida
se han pintado de colores pardos.

¿Cuánto tengo que sostener una postura que me incomoda?
¿Cuánto prolongar aquella en la que me hallo en equilibrio?

Saltan a mi rostro y a mi pecho gotas de lluvia que caen del
cielo.
Aunque estoy resguardado bajo techo,
sus caricias húmedas me impregnan.

He sabido del cielo seco, de su profundo azul,
del calor de alturas y el despejado horizonte.

Esta noche, mi práctica recibe el sagrado alimento de la tierra.
Lluvia cansada y algo confundida.
Lluvia tardía, tan tardía que mis articulaciones resienten su
ausencia.

Quiero seguir respirando tranquilo,
quiero ayudar al enfermo.
Mis manos están cansadas de sostener su cuerpo.

Mi espalda acomplejada no sabe expresar su figura.

¿Por qué todo recae en mi costado derecho?
¿Por qué la llamada extensión de mi carácter
hace huecos en mi rodilla, en mi muñeca y mi cadera?

No sé encontrar el reposo.
Cuando descanso, las dolencias surgen.
Al observarlas detenidamente,
hallo en mi esposa una cómplice del dolor articular,
una flor que implora agua, una callada gota perdida en su
tallo;
una ruptura del ligamento surgida del trabajo y la constancia
de formar su ser con fortaleza.

Extraño la lluvia,
extraño la vida naciendo en los rincones húmedos,
en los ocultos espacios bajo la madera,
extraño las cañadas de los bosques y el olor a fresco,
las pequeñas gotas de rocío cayendo de entre las hojas de
los pinos
y el certero vuelo de las aves montañesas.

Mi cuerpo ansía medicina,
mi espíritu sigue forjándose en la sequía,
aprendiendo a roer raíces y a sostener el aire en el calor y el
polvo.

¿Por qué mi lienzo no florece en condiciones extremas?
¿Por qué mi mente recrea la misma imagen campesina?

El arar la tierra, sin la lluvia que la nutre,
ha lastimado mi cuerpo y avejentado mi postura.

Sal por favor de donde estás, basta de orar en otros cielos.
Tu brisa nace con el hermoso viaje de las nubes
y se condensa en este valle montañoso.

Deja que caigan las gotas,
tu sagrada presencia es necesaria para este sueño
campesino.

Viene la larga espera.
Vienen los movimientos lentos.
Se ha roto nuevamente la convicción de firmeza
para darle paso a la humildad y a la paciencia.

Nuestros cuerpos vulnerables nos están llamando,
nos dicen que, en la rigidez, el espejo se rompe
y en la sequía, la tierra se agrieta.

Te veo y me observo a mí
queriendo forzar el flujo del canto.
Te veo y me espanta el saber
que mi actitud de servicio es parca y decorativa,
sin el espíritu creyente del labrador,
sin la fuerza del buey que jala del arado.

No puedo descansar,
estoy pegado por terquedad y obstinación,
aun así, bailo, juego y preparo alimentos.

Soy el campesino lastimado,
soy el poeta iracundo,
soy el servidor de los niños y el abuelo olvidado.
Soy el reflejo de mil rostros,
el lienzo manchado de historias,
sin espacios blancos,
sin terruños con vides listas para la cosecha.

Marginal y cauto,
recibo la escasa lluvia que cae del cielo,
mientras respiro profunda y prolongadamente,
soñando con el espacio
que se encuentra entre mi cielo
y las concavidades de mi cuerpo.

Animando al tiempo, la justa entrada del verano.
Pidiendo por mi esposa y su pronta recuperación.

Antes de terminar,
observo el suelo y la distancia que hay entre mis manos.
Mi corazón apunta hacia abajo,
allá, en el centro,
donde toda intención es devorada por el sagrado fuego.
Probablemente mi fe deba apuntar al cielo
y mis plantas a la tierra,
pero en esta posición de a gatas,
los rezos fluyen a la inversa
y el osado ímpetu del guerrero
es guardado en el mismo bolso
donde se depositan los trozos del espejo.

Postura y lienzo desaparecen,
arrojado al suelo se concluye la contienda.
Las bellas pinceladas de un Dios talentoso
me enseñan el arte de saber esperar,
recibir y disfrutar de sus trazos.
De su arte de hacer del hombre un simple campesino
y de la vida una obra maestra.

Así, la lluvia comienza a caer
y la medicina comienza a brotar.
Así, mi esposa sana y la tierra se humedece.

Zumbido

¡Alto! Escucha la intensa onda de telecomunicaciones. Estamos inmersos y aturdidos en esta red. Las antenas producen un zumbido hueco y el wifi de nuestros hogares lo replica. A nivel auditivo, es casi imperceptible, pero a nivel neuronal se injerta en la trayectoria de las sinapsis. Interfiere con la capacidad humana de conexión y aturde nuestro campo electromagnético, por lo que hace más complejo elevar nuestra vibración a frecuencias más altas.

En el proceso meditativo vamos rompiendo capas de densidad, con ello vamos accediendo a nuevas manifestaciones sensoriales y de conciencia. Sin embargo, en esta época de bullicio de las redes 5G se hace casi imposible estabilizar las membranas que sujetan el estado material, con el acceso a los canales hiper conscientes. Es como querer observar el horizonte en una tormenta de arena: no sólo es difícil, sino que lastima nuestros ojos.

Al escuchar los pájaros en las mañanas, me pregunto cómo ellos pueden sobreponerse a estas ondas, cómo han logrado adaptarse para seguir encontrando las rutas magnéticas de la tierra, para seguir agrupándose en bandadas y volar como un mismo cuerpo. Quizás su canto rompe la frecuencia, quizás esta hermosa sinfonía elimina el zumbido hueco que producen las antenas de telecomunicación. A veces siento que el zumbido viene de mi interior, que se ha instalado en mi oído interno, ejerciendo presión en mi cabeza, en especial en mi cerebelo. Pero cuando alcanzo la meditación profunda, o cuando camino en la naturaleza, desaparece.

Claroscuro

¿Quién te ha llamado cal?
¿Quién te ha llamado bosque?
Al abrir los ojos después de un breve descanso,
la luz no parece molesta.
Dime, ¿qué has observado en el acantilado?
Una fiera escondida entre las rocas.
Un saltamontes, una ventisca.
Fiebre temporal del monte.
Fiebre pasajera, producto de beber flores azules.
La compañera, la cómplice enemiga del sueño.
La extraña sensación de estar aturdido,
y sorber el aire
con prohibitiva y aniquilada actitud poética.

Será que la luz despierta el orgullo del gnomo.
Será que el color predispone al viajero a la senda errada.
No piensas en el mar blanco, ni en el salino puerto.
No piensas en la antigua ciudad,
donde los portadores de grises túnicas
abrieron las puertas del llamado cielo.
Ahora en la estadía de una prisión luminosa,
tu cuerpo se viste con ostentosas telas.
¿Qué escondes en tu desnudez?
¿Qué secreto guarda tu torso cubierto,
tu cabello cano y tus pupilas enrojecidas?
Una hipócrita palabra llamada tiempo,
una fugaz estrella llamada norte,
un libre amor conquistado en la calma,
tu silueta y tu estampa,
tu finita concupiscencia.

Átame al mástil de un libertario deseo.
Ata mis manos y mis pies,
calla mi boca y mis pensamientos.
Desanuda las rarezas de mi instinto.
Mientras los perros ladren,
el arte del vocablo despertar,
seguirá presuponiendo un gran duelo.
La espada que apunta a la frente,
rompe el cáliz de opacidad de una razón minúscula.
Has aprendido a volar,
yo en cambio sólo repto en los valles del maíz,
en las tierras rojizas,
en la hierba crecida y en el rocoso cerro.

Se ha escuchado como un lejano eco la historia del creador,
del único y experimentado principio.
Pero no es entendible su lengua arcaica,
no es posible seguir las huellas en un lugar con tanta ligereza.
Lo pesado flota, lo liviano se esfuma.
Nada se arraiga ni deja permanencia,
ni la propia vanidad del hombre servil,
ni el agigantado ego del llamado maestro,
todo ello desaparece y se disuelve en la luz.

Entonces, ¿por qué le teme el hombre a la oscuridad?
¿Por qué duda al cerrar los ojos
y eternizar su aliento en la bella sustancia de la penumbra?

La noche trae consigo gravedad, peso, estructura.
Siembra raíces y cava profundos pozos de agua.
La noche anima al encuentro del mesías y su pueblo,
del perdido forastero con aquel lugar que lo llama oriundo.
Es la virtud moderada de un sigilo,
es el murmullo sabio de las pequeñas razones,
es el tenue suspiro del que halla la verdad.

Los niños duermen después de un cuento nocturno,
su mente divaga en las aristas de la fantasía.
Allá donde la liebre husmea en las madrigueras,
y el ave emplumada esparce su magia.
Allá en las bellas notas de lo imposible,
en un mundo que sólo ellos conocen.
El sublime estado de la inocencia,
el eterno abrazo de infante con la madre dadora de vida.

Dispuesto a dormir, me doy cuenta del claroscuro de mi
entorno,
de mi vista y mi rostro.
Soy padre cuentacuentos,
lúgubre e iluminado editor de una vida.
Busco despertar de la ensoñación
sin dejar de andar por aires luminosos.
A los retratos blanco y negro ofrendo flores de colores,
como señal de inocencia y longevidad.

Árbol de barro

Pequeñas partículas de tierra adheridas al torrente sanguíneo. El bosque trajo una noche misteriosa y energéticamente confrontativa. Se desangra la raíz, está herida, la ligereza con la que el hombre venera lo sagrado la hace vestirse de rojo, la hace sollozar.

¿Quién anda ahí? Grita en la noche, alguien merodea su sueño, una posible sombra, un posible temor acechando el cuarto.

Las almas raquíticas se victimizan y reclaman a Dios su desgracia. Los pardos bailan bajo los grandes pinos. ¿Quién los está observando? ¿Quién es el testigo del baile de los pies ligeros? Las piñas secas de los pinos, el sol partiendo por el oeste, o los ojos de los buscadores de la luz.

Entre sombras y agua caliente, los esclavos del cuerpo se abrazan, hacen rondas y círculos para reconocer su deseo. La artista modelo habla del mito y del apego, su rostro andrógino recuerda la infancia en su pequeño pueblo natal, donde corría en los campos y recolectaba flores, donde las voces amigas la llamaban hija.

Todo es un extraño teatro de actores parcos. Toda la tarde es la despedida iracunda y flácida de un oleaje vago, de un evasivo encuentro con la vida. Por la noche, es cuando el alimento y la tierra reclaman respeto al hombre chamán que camina descalzo. Cien estrellas y una flauta tejen el manto nocturno de las horas previas al despertar. Clavado en la garganta, un nudo aprieta el espacio de su cobardía, de sus dudas ante la facilidad espontánea de la abundancia.

Ha tomado el rumbo del servicio, de la medicina diaria; purifica y limpia su cuerpo, respira profundo y calma la mente, se hace ligero para acompañar a sus hermanos, para dar sustento y sanación. Aunque sus piernas están cansadas y sus corazones en franca aceptación de lo fortuito, él, junto con ella, deciden caminar juntos, sin importar el polvo árido que sigue volando.

Hazte fuerte, haz que las mañanas reparen el daño del atardecer. Si tus manos aún están entumecidas, yergue tu espalda y camina con firmeza, pues se acerca el verano y las lluvias. Tu maestría y cometido siguen ahí, en espera de ser encontrados, en espera de florecer en los temporales y de brillar en los días soleados. Baila, pero no con los pardos deseos, sino con la necesidad del afligido, que requiere de tus pasos para levantarse y de tu sonrisa para expresar su magia.

No hay un itinerario definido para el espíritu creador. Sólo pasos y acciones sensatas; un ejemplo de poesía en vida, donde los versos son el arte de actuar sin apego.

Tierra hermosa bañada de sangre, mi raíz sigue goteando, me desprendí de ti por el dulce falso del momento, he manchado tu piel tersa y sagrada; recibe de mis manos la ofrenda de reconciliación y de mis piernas el fortalecido peregrinar del campesino.

Maíz he sido, hijo de tu grandeza, alimento del necesitado. Raíz he sido y en tus entrañas me hice hombre, me hice árbol. Viento he sido y con mi libre espíritu acaricié tus hojas y tus piedras.

Hoy, hombre medicina, me ofrendo a tu cuerpo y venero tu ser; toco el tambor y me arraigo. Madre mía ya no sangres, la cosecha vuelve a dar semillas. Mis pies regresan a ti con mayor humildad, con el espíritu afligido por el indigno trato de mis actos. Permíteme ser tu medio, tu orador, tu árbol de barro.

Ometéotl.

El florecimiento

Hedor a animalidad, el aturdido despertar del hombre. Orquídea, eterna poetisa de la sombra. Luz indirecta que baña tu semblante. Floreces al tiempo nocturno y al delicado brillo de un tenue destello, en resguardo de la sutil humedad que baña tus raíces.

Despierta y enséñale al hombre a liberar su instinto, a rociar con perfume su piel pestilente. Que en la serena meditación parta al callado océano, al libre espacio del aroma neutro, donde el animal se pierde y la dulce danza del soñador cultiva flores ancestrales, las mismas que reposan sobre la repisa, resguardadas del sol y de la despiadada sequía.

Anda y observa el tenue destello. Anda y deja bañar tu cuerpo del poema luminoso, del haz de luz, aquel que canta para el creador y diluye la oscuridad con la elegante estampa de la atención.

Interrumpes el bello diálogo con las flores, para escuchar el sermón del hombre. Confundes la vigilia con oración y el libre espacio espiritual con la palabra retórica de la moral. Sin embargo, en el sermón se habla de los cedros, de la pequeña semilla y el arbusto frondoso, de la poda y la siembra, de la hermosa relación del hombre con su creador. Entonces la intención se vuelve orquídea y florece en el principio de la generosidad, donde el callado murmullo de las plegarias y la desinteresada petición para el hermano enfermo se vuelven un cordial regalo.

Así el ruido del hombre y su hedor desaparecen, así los aturdidos tímpanos escuchan fieles la palabra coherente, la que nace del pan y el servicio, la que es esparcida en los campos áridos, la que en la bella sombra hace florecer con luz indirecta a la orquídea.

Planta y escucha el bello trinar de las aves, que no sean las larvas las que se coman los retoños, sino la nobleza del ser que cuida del sustento y del arbusto. El hermoso arte de descubrir en el cuidado, la grandeza del esfuerzo y el amor, la virtud máxima del ser creativo, la expresión de una vida en continua danza, canto y florecimiento.

De esclavo a cadáver: libre

El hombre abre puertas que nadie atiende.
En el tambaleante tiempo de la esclavitud,
la espalda al descubierto del esclavo.
El retrato de sumisión del que nació marginal.

Los flagelos cicatrizados en la morena piel,
llevan consigo los signos de condena de su condición.

El sol dispone de su inmensa crueldad.
Atado el esclavo, los rayos queman su piel
y calientan su sangre.

La pequeña plaza rodeada de edificaciones coloniales,
atestigua el instinto pueril del hombre opresor.

¡Salvaje! Le grita el pueblo al que sangra
por las heridas de una historia lamentable.
¡Salvaje! Rugen sus dientes ante el dolor del castigo.

Sin nombre, sin libertad, sin la palabra piedad
ni el espacio al perdón.
A la vista de un cielo despejado, a la vista de un Dios lejano.

En las notas diarias,
la hoguera quema al impostor y al hombre común.

En los espacios educativos, se venera al inquisidor,
al prominente látigo del hombre virtuoso,

aquel que habla de verdades supremas
como dagas de un estandarte que enjuicia
al que observa las estrellas y al que toma cacao.

¿Quién es ese pequeño fraile
que ha marcado con una cruz
la frente soñadora del indígena?

¿Qué sorda frase marca las almas de los que están
arrodillados?

Sociedad envenenada, por dogma,
por prematura libertad, por asfixiante soledad,
por simple aturdimiento ontológico.

Siglo tras siglo el hombre se esclaviza,
jerarquiza las manos y les da herramientas de castigo.
Para autosometer su condición de incertidumbre,
con el falso dominio del uno sobre el otro.

Sigue cayendo la sangre sobre su espalda,
siguen caminando con indiferencia ante la evidente atrocidad.

En las calles, los perros se alimentan de la carne muerta,
en los campos, los pies cansados siguen sembrando
los granos del hombre poseedor de la libertad.
Se apropia de aquello que no es suyo,
y se ufana con propiedad de su noble labor.
El mismo perro que come cadáveres
lame las manos de su amo,
mientras reposa a su lado en los plantíos.

El fuego levanta una horda,
manifiesta la bajeza del instinto humano.

Los libros son quemados
junto con los sueños y los nombres de aquellos que alzaron
la voz.

Se baila la antigua danza de la ignorancia,
la que abraza la sumisión y el arrodillamiento,
la que ata con cordones invisibles
la voluntad del que ha perdido el espíritu de lucha,
y levanta en trono de oro al dictador de la moral.

Ahí está el blanco y barbado.
Ahí donde se vierten los grandes relatos,
los que glorifican al genocida
y esclavizan al que no sabe pronunciarse.

¿Qué es entonces la libertad?
¿El mero anécdota de una atroz realidad?
¿Las huellas y cicatrices?
¿La sangre?
¿El fuego que arde?
¿El mísero comportamiento humano?

El esclavo se levanta con el dolor conferido en su cuerpo
y salvaje pronuncia un… ¡grito!
Mientras cae al suelo y muere,
sin nombre, común, sin propiedad,
pero glorioso en la plaza.

Llueve entonces y la sangre corre por las calles
llevando consigo los últimos vestigios de la tortura.
Dejando en manifiesto la única libertad… ¡la muerte!

....

Muerte, gloriosa libertad.

Muerte, amiga hermana del esclavo.

Muerte, fiel creyente del hombre.

Muerte, azul cobijo del tiempo.

Libéranos de esta enfermedad llamada humanidad

para así seguir viviendo.

....

Tras leer el extranjero de Camus

Al conversar con el extranjero, pude saborear las notas delicadas de la indiferencia. Sin llegar a la expresión absurda del nihilismo, me cobijó la sensación de estar hablando con un ser lleno de vitalidad. La libertad que conlleva estar más allá del orden moral hace posible vivir sin la agonía del apego a un deber ser.

Este extraño, pero, a su vez ordinario personaje, describe con profunda claridad las sujeciones del carácter social. Como los absurdos convencionalismos de la costumbre, llevan al hilarante deseo de ser partícipe de algo, nada en concreto, simplemente de algo.

No existe una comparativa asociada al entrelazado del relacionamiento interpersonal con la lógica práctica de un ser que sólo observa el mundo con el imperativo básico de la objetividad. Esto es atemorizante para todos los que buscamos en la esencia profunda de las cosas un argumento para sustentar nuestra existencia, pero para este amigo eso es irrelevante, incluso burdo. Nuestra propia existencia la hemos adornado de relatos y fantasías, le hemos dado la connotación de creación divina o de milagro de la evolución. Pero en estricto sentido para este extranjero, es meramente un acto o suceso, nada más, lo que hace exquisito su talento y por ende su vida ya que la acota a un estado puro de libre acción. Osado y sinvergüenza.

Este extranjero me ha hecho pensar en los límites tangenciales de la espiritualidad y el existencialismo. En cualquier caso, aquellos que llegan a este punto, se establecen por encima del carácter ético y moral, abordando el único suceso relevante, la propia vida, la propia existencia, el exquisito estado del desapego, inclusive a la vida misma.

¿Dónde convergen entonces estos conceptos, o, mejor dicho, en qué se diferencian? ¿Aquellos yoguis iluminados qué tienen de diferente del extranjero?

Podría decir que lo único diferente es el valor que dispone la sociedad para cada uno. Esto quiere decir que, aunque libres, están sujetos al escrutinio juicioso de los otros. Es entonces el juicio una falsa malla que ciega al hombre moral, lo achica a las conjeturas de la costumbre. Para el verdadero hombre libre (extranjero o iluminado), la resolución del juicio es irrelevante en la apreciación, más no en sus consecuencias: una puede llevar a la muerte y la otra a la veneración. En ambos casos, el hombre libre dispone de su libertad para deshacerse del peso de este escrutinio y honrar su existencia por el simple hecho de estar sucediendo.

Yoga Kundalini (Dios soy yo, yo soy Dios)

Anoche, justo antes de dormir, escuché serenamente el caer de la lluvia. Las gotas eran precisas en tiempo, al romper con el suelo y el techo de mi casa. Agradecido por su presencia, pude descubrir la bella melodía de su precipitación. Sin duda algo más grande que el propio ciclo del agua se esconde en este canto. Algo exquisito y eterno, puede ser el nombre de Dios, puede ser sólo su murmullo oculto.

Ahora al despertar, me deleita el saber que esta lluvia tardía ha generado una bella danza en el bosque, una danza que hace posible la vida y ha puesto a bailar a miles de esporas. Un hongo ha nacido bajo el cobijo del gran árbol, otros más brotan milagrosos por la humedad en la cañada. Este hermoso susurro se vuelve vida.

Ayer, en la práctica de kundalini, nuestro bello grupo repitió el mantra *Dios soy Yo, Yo soy Dios*. Primero en silencio, más tarde, como un tenue susurro y al final con voz normal. A decir verdad, mientras lo recitaba en silencio tuve un momento suave y prolongado de conexión, hasta que comenzó el susurro, que lo empezó a diluir y a sembrar en mi mente la idea obscena del malestar humano, la forma grotesca de forzar lo que ya es, de repetir incansablemente el nombre de Dios sin realmente escucharlo. Entre más alto lo hacemos más ruidoso se vuelve y por concluyente condición, más falso. La lluvia, sin embargo, en su libre y desinteresada función trae consigo ese bello susurro, que no es forzado ni egoísta, es simple y melodioso, como el crujir de la madera de un fuego sagrado o el cantar de las aves por la mañana. La prolongada amplitud del sonido que nace del A se extiende en la U y concluye en la M para acentuar su permanencia sigilosa con un silencio antes del nuevo crujir, antes de la nueva gota, antes del nuevo trinar AUM AUM... OM.

Mi postura invertida, inhalando y exhalando, me confronta con este sentido vehemente de exacerbar lo que ya es. ¿Qué hago con los pies al cielo? ¿A quién busco? ¿Soy acaso la nota desafinada del bello susurro divino? Tras eliminar este pensamiento mental sigo registrando la acumulación de energía en mi pecho, una activación que termina por saturar mi capacidad física y tiene a bien reducir el impulso constante de la respiración de fuego. Justo ahí nace un nuevo argumento. Si somos respiración, ¿por qué encender con fuego nuestra equilibrada postura de reposo? ¿Para qué nos preparamos? ¿Para qué hacer del aire una daga y del espacio una armadura? Bien dicen los maestros, el yoga no es para todos, aquel que ya está iluminado no requiere de su práctica, pues ya está unido al bello murmullo, así como tampoco es para aquel que está dormido en el inconsciente reptante del que sólo deambula. Yoga es para los que queremos despertar; para aquellos que podemos sentir el magnetismo de nuestro cuerpo, pero no entendemos que es algo normal y nos atemoriza el sentirlo; para aquellos que pronunciamos mantras en voz alta, sin entender que el simple sigilo de la respiración calmada ya es un nombre de Dios; para aquellos que en dualidad caminamos entre los vértices de nuestra sombra corporal y el luminoso cuerpo espiritual, con el ritmo de un latir marcando nuestros pasos, a veces acelerados, a veces sólo en círculos.

Puedo extender mi cuerpo en posturas inimaginables, pero no con ello alcanzaré la básica forma del estado neutro, el equilibrio de esta naturaleza que hace perfecta y posible la vida. ¿Por qué mi rígida espalda, hace a bien recordarme que estoy lejos de la neutralidad? ¿Por qué escribo estas palabras, mientras me pierdo del bello trinar de los pájaros? Soy ese ser sembrado de incertidumbre y duda, de separación, que necesita repetir mantras y caminar sendas oscuras para encontrar en la noche lo que siempre ha estado, lo que nunca se ha ido, lo que siempre es.

Alguien sujeta la mano de mi compañera, alguien la hace sentir temor, sin percatarse con ello, que quizás es Dios invitándola a caminar. Cubierta y cobijada se queda ahí, pasmada por este llamado, racionalizando la vida. El retrato claro del hombre en separación. La escucho y me veo, pues al igual que ella, mi corazón es llamado, pero mis impulsos se contraen al tiempo de la sonoridad y el ruido. ¡Veo en ti lo que hay en mí! Nuestra frase e intención del mes. Una provocación a salirnos y observar, a escuchar y no pronunciar lo que ya está sonando, ese bello murmullo del caer de la lluvia, esa tenue respiración del que descansa en paz. Ese OM prolongado que es unión, que es yoga.

Del temazcal al Tao (la extensión del fuego sagrado)

Retrogusto con sabor a barro, las tardías notas de la tierra. Malinalco siempre me acerca a esta sensación terrosa, de acogimiento. El temazcal de ayer fue un reconocimiento a la maestría, al continuo caminar por el lugar de las espinas. A desdoblar las piernas y prestar la voluntad al servicio. Es en el calor de ese sagrado vientre que las memorias de lucha se eternizan, y sirven de ejemplo para los futuros soñadores.

En la maestría hay repetición, hay autoobservación, hay un cuidado continuo de la ejecución. No es perfección, más bien, una asíntota creciente, que en la acción continua tiende a lo sublime, pero siempre deja un hueco para un nuevo aprendizaje, para un nuevo performance.

Un día después, transición.

Voces que circundan en un oscuro cilindro, rostros indefinidos que rodean la imaginación. Las llamadas joyas del lenguaje se expanden en la intimidad, la ignorancia presume su capacidad, el sesgado conflicto entre el sosiego y la indiferencia. Once pasos alejado, once taludes de algodón, los maestros flotan en postura fácil, los vientos cobran su atinada disposición.

Una y otra vez se repite el himno, una y otra vez el libro se escribe. Los pulsos nativos, y los dedos sabios dan indicaciones constantes y precisas.

Un día después, ceremonia Tao.

La decorada habitación, la perfecta expresión del posicionamiento. Un altar adornado con mantel blanco, con flores blancas divididas en diez en cada uno de los lados (curiosamente somos diez los que estamos en disposición de despertar). El centro honroso recibe la luz de una vela en expresión sagrada del divino todo, dos velas más reposan a los costados, recordando la dualidad de la energía, luna y sol, ying y yang, en el centro por debajo de la luz divina, una vasija de incienso y cenizas, repositorio del hombre y sus intenciones.

Las ofrendas están listas para ser entregadas y depositadas perfectamente en este altar. Dos canastas de mango que simulan en figura la flor de loto, tres canastas de manzanas, una central en forma piramidal que nos recuerda la geometría sagrada y el elevado orden universal y dos más al costado, en un nivel más plano, el nivel donde habita el hombre.

Los maestros recitan mantras y se mueven en perfecto compás y ritmo, es un vaivén que no pretende apresurar las cosas, tampoco retrasarlas, simple y perfecto se mueven entre los cojines de oración, abriendo el campo energético para esta comunión entre el cielo y la tierra.

Nuestros nombres son depositados al fuego y vuelan hermosos en forma de ceniza. Hemos declarado al cielo que nuestra identidad no es más que una vestimenta que adorna la profunda esencia de nuestro ser, hemos ofrendado el nombre y con ello un registro en las alturas.

Curiosamente el fuego central tardó en prender, algo de duda sembrada por los asistentes retrasó la apertura de comunión con lo sagrado. En contraparte, el fuego central resistió ser apagado por el viento al concluir la ceremonia, como expresión fehaciente del nuevo estado de confianza de los participantes iniciados. Esto es el bello simbolismo del Tao;

ese accionar del fuego que conecta con nuestros espíritus, para recordarnos que es la chispa inicial y la transmutación, que degrada lo excesivo y aviva lo que está verde.

En mi experiencia todo transcurrió normal y sin contratiempos, en calmado estado de aceptación. No hubo manifestaciones enaltecidas de conexión, más bien, un callado flujo de parsimonia, lo que me hizo reflexionar en el certero estado de mi vida actual, de este caminar que lleva tiempo y que ha sabido encontrar su centro en esta delgada línea del servicio. Más que iniciación, lo sentí como una resultante confirmación de mi espíritu. Creo en las formas y los vehículos que nos conducen a Dios y, por ello, sé que no hay sólo uno. Todos los caminos, desde su entendimiento, usan bellas alegorías para despertar al hombre del velo que lo cubre.

Al final, en la explicación, volví a sentir ese hartazgo por el exceso de palabras. El Tao es sigilo y bello murmullo, es comprensión a nivel sensible, no racional. Pero aprendí a callar mi mente de este hartazgo y concentrarme en mi respiración, este diálogo genuino de mi inhalación y exhalación, que pude profundizar al remitir mi atención al entrecejo.

Sigue el hombre hablando sin comprender, sigue el hombre escuchando sin abrazar. Cómo deseo un profundo y prolongado silencio. Hay demasiado ruido, incluso en los llamados caminos espirituales.

El incienso se ha llevado mi nombre. Un silencio para este atolondrado corazón mío.

Salgo del recinto siendo el mismo, con gran deseo de ver a mis hijos y compartir con ellos… ¡mi respiración!

Espiga

Espiga de oro en posición de loto.
Una parte de mí viste de negro,
otra simplemente está desnuda.
La condición del mal depende de la dimensión del ser.
He visto a hermanos pisar hormigas,
sin sentir pena por ello.

El pequeño orificio me ha llevado al espacio negro
donde cuelgan sombras, como reses en el matadero.
Los graneros están repletos de centeno y pasto,
de cebada fermentada por el tiempo.
El extenso valle,
remata con montañas coloreadas de rosas y morados.
Los extensos pastizales de oriente,
brillan dorados con el sol.

Mi postura simulando el Tao.
Mi libre condición de ofrenda
se inclina ante el acecho de los impulsos humanos.
Los observo y vigilo atentamente
como bestia bravía encadenada a su único deber:
el cuidar de lo sagrado.

Mis brazos se extienden
y conectan con el espacio parcialmente denso
de este cuarto mío.
El hombre antiguo de tiempos feudales
me invita a caminar por el extenso valle,
entre el pastizal dorado, bajo el cielo azul.
Allá, a lo lejos, a las moradas montañas
donde el sol se esconde,

donde su curvatura me hace recordar la luna de oriente medio.

Mientras hablo de dimensión,
mi torso se endereza.
La vista agachada sólo busca seres pequeños,
seres sin maldad, seres sin juicio.

Sigue abierto ese orificio por donde nace la estrechez
parda.
Ese rojo cansado de servir al tirano.
Ese amargo néctar que hace imposible sentir el dulzor.

Espiga dorada en posición de loto,
brillas entre los restos del clamor asesino,
brillas entre las altas perspectivas del hombre seco,
aquel que sin pena repara la muerte
y sin gloria enciende los hornos.

Anda, el viejo oriental te busca en el campo.
Anda, recuerda que el sol termina cuando el trabajo está hecho.
Su hoz sesga el pasto crecido,
sus pies sin temor se hacen de un camino.
Los granos se han secado, los molinos comienzan a girar.
Ve con él y aprende el arte de la molienda,
del dorado brillo de la piel mojada de sudor.
Con maestría y simplicidad,
con el mote campesino y el canto del faisán.

Sal del oscuro rastro, sal del pestilente hedor.
En el granero, las manos se hacen bellas
y el corazón se amansa.

Espíritu campesino.
Fuerte regocijo del hombre que trabaja.
Férrea postura del que no pretende,
del que no huele a carne ni a humedad.

Espiga dorada en posición de loto.
Libre condición.
Poderoso palmo que yergue herramientas.
Abre el orificio de la oscuridad.
Abre la estrechez del diminuto
y brilla dorado con el sol,
con el campo, con el bello arte de segar.

Mi meditación termina,
el sutil haz de luz entrando por la rendija
que dejan las cortinas me llama a volver.
Abro los ojos y comienzo el día.

Miel oscura

Una llama tenue salpicada de medicina.
Un bello poema llamado hombre.
Una extensa repetición de acontecimientos ordinarios,
mismos que en retrospectiva
hacen de la vida una línea continua.

Lo satisface la rutina,
no requiere de experiencias rebuscadas para estar en paz,

Esta interpretación mía,
esta salvaje morfología del hombre de mil rostros,
que se expande en la percepción de los otros
y es significado conceptual del que lo juzga.

¿Quién roba mi vibrante realidad vital?
¿Quién le pone un juicio y la encasilla a viles bajezas?

Sombra acuosa reflejada en miel oscura,
que sólo a la vista de un reflejo de luz,
hace evidente la proyectada construcción de nuestro ser.
Cuando las gotas caen en el repositorio,
la tenue luz en onda se expande,
transformando la sujeción de un estado permanente,
al flujo ondular de un proceso.
Se es la sombra, el tenue reflejo,
el objeto reflejante y la luz primaria,
el caer de las gotas y el ser consciente que lo observa.

Me hundo en ese reflejo
y en la privativa conclusión del hombre,
me proyecto en mil ojos,

me hago amorfo y distorsionado
en esa miel oscura llamada realidad.

¿En qué sostiene su ser el hombre?
¿Cuántos cables lo sujetan?
Si se liberase de todos excepto de uno,
¿cómo llamaría el lenguaje a este concepto?

¡Esperanza, le susurra una ventisca!
Ahí está colgado de un árbol el suicida,
la esperanza perdió tensión y la soga de su cuello lo sujeta,
el péndulo mortal de un cuerpo oscilando,
la cruel memoria de un corazón atravesado
por la daga del hartazgo,

Duerme la hija
añorando la esperanza protectora del que hace tiempo partió.
Se desangra rojiza la piedra incandescente,
se ha partido en dos y muestra su centro ardiente.

Llamadas de auxilio llegan titilantes a la luz de mi vela.
Seres tirando del último cable que los sostiene,
seres enfermos y hambrientos de muerte,
seres que al observar su rostro lo desprecian.

Mi maestro reposa cuál bebé,
está aprendiendo a sentir la vida en su condición primaria,
observa y se mueve como pequeño,
con el deleite de experimentar, por primera vez,
 la sensación de cada estímulo.

El brujo que vive en mí,
reposa su espalda sobre el escritorio.
Así su brazo señala el fuego.
Sabe hablar con la llama,
sabe desdoblar la atmósfera con el viento.

Su mano derecha se hace una pequeña raíz,
profundiza sus radículas en el pecho de la oscuridad,
ha llegado al corazón suicida,
lo sopesa y gira, lo intenta sanar.

No para prolongar su vida,
sino para que su muerte no se extienda en su descendencia.

Sopla y limpia el aire, jadea constantemente,
mientras la bella hija reposa plácida
en el extenso valle de blancas flores.

El joven hombre-mujer, atormentado,
se golpea el rostro y detesta su imagen.
Cuelga de un hilo delgado su existir.
Cuelga entre tapices mutilados,
entre espacios insanos y humos de cristal.

El brujo lo observa, sabe que está roto su corazón,
atenúa la llama de su espíritu
y vela por su vida degradada al flagelo hormonal.

Canta la medicina en los negros mares de la miel.
Canta el nítido reflejo del ojo expectante.
Las flores se otorgan a la durmiente hija que aprendió a
esperar.
La palabra, al destello salpicado de mi vela.
La inocencia, al maestro que, en el regocijo de la
paternidad,
balbucea el amor profundo del comienzo.

La esperanza cuelga de mi cuello
y la otorgo al retoño crecido del suicida,
como signo de curación, como tatuaje impreso en su piel.

El periodo blanco

Querida duquesa, las olas nos alcanzaron.
El amor extendido nos conecta al servicio.
Nos hace mirar al centro.
Nos hace abrir nuestras alas.
Las mil lunas han dado tiempo a nuestro encuentro.
Han hecho magia, al cruzar nuestro paso,
en esta senda humana, en este tiempo blanco.

Perfumada esfera que gira en el universo.
Perfumado movimiento marcado con un compás.
En las llamadas estaciones invernales.
En las lejanas tierras polares,
dibujas con trazos perfectos los cantos medicina.
Me invitas a meditar.
Me invitas a abrir el corazón.
Me invitas a la eterna luz.

Mi abrigo está colgado en el perchero.
La gamuza y lana, cuentan la historia del caníbal,
del ermitaño habitante de la cueva,
del oscuro pacto con lo bestial.

En el pasillo que se extiende al bajar las escaleras,
mi cuerpo entumido, me acerca a la puerta.
Busca salir al frío, busca sentir la nieve.
Abrigo y cuerpo caminan.
Se hacen blancos y escarchados.
Han tomado el rumbo del desaparecido.
Han dejado atrás el cálido hogar.

Incienso, humo sagrado.
Envuelves en virtud y sábanas las almas liberadas.
Tiernamente las llevas a tu seno y las nutres con tu miel
lechosa.

Aunque nieva, el frío no se cuela.
El cálido cobijo es más grande que la fría ventisca.
Así los trazos y los cantos llevan al hombre al lugar inocuo.
Así las manos-corazón lo acercan al cielo.

Así veo mi ser: siendo empujado al terreno blanco,
siendo jalado por un gran caballo blanco,
hacia el portón, hacia el altar,
hacia el lugar de los maestros, de los niños, de los poetas y
ángeles.

La libertad se asoma en esa textura milenaria,
puedo sentirla con todos mis sentidos,
es suave y elegante, es fina y esbelta.

He sabido de mitos y de profecías,
pero ninguna ha descrito esta tez blanca,
esta luz suave y este aroma neutro.
Aquí en el valle eterno, la libertad es el vestido del cuerpo.

¿De qué sirve estar en este espacio,
si mis hijos y hermanos no pueden llegar?
¿Qué cansado pesar se extiende en las ramas del árbol
sagrado?
Esta tierra lo ha agotado,
se ha arraigado tan profundamente
que no hay más suelo para extenderse.

Acércate a mí y escribe esos signos que llaman al cielo,
ven, acércate mi querido hijo
y con tu voz extiende tu mano a este eterno valle.
El árbol que sostiene la vida
está en el punto máximo de estrés.
Fatigado, cruje su tronco, fatigado, una a una sus ramas
se caen.

Así que canta y respira profundo,
canta y extiende tus brazos, canta e ilumínate.
Cantemos y traigamos el cielo a la tierra,
la poesía al monte,
y el neutro perfume a los lagos.

Habrá quien decida hundirse en los pantanos.
Habrá quien ruja miserable por perder su castillo.
Pero los limpios bailarán el suave himno del despertar.
Mi familia, mis hermanos, todos ellos reunidos.
Todos ellos jubilosos.
Todos ellos ángeles en esta bella tierra,
digna de maestros, santos y duquesas,
digna del nuevo hombre:
el que porta la sábana blanca de la libertad.

Que así sea.
Que así el eco se expanda
y la luz se refleje en los millones de rostros.

Es tiempo de sanar.
Es tiempo de orar.
Es tiempo de libertad.

El amor unido en un único corazón. Tao.

Noche al cuidado del fuego

Fuego, ¿de qué tamaño tiene que ser la tormenta
para quebrantar este espíritu mío?

¿Por qué lloran mis ojos,
por qué mi estructura no dice que estoy ardiendo?

Bajo un techo, cualquier calor se resguarda,
pero si el fuego crece, la morada se calcina.

No hay incomodidad en la labor desinteresada,
ni tiempo que desgaste esta ofrenda.

¿Qué nos sostiene a ti y a mí, querido amigo fuego?
Él me contestó: el cuidado y el aliento.

Dejar ser, no sofocar,
a veces la distancia es el mejor abrazo.

¿Cómo puedo cuidar de algo que no comprendo?
No tengo aspiraciones, más que saber escuchar a Dios.

Estoy aprendiendo a ser humano,
el único ser capaz
de encender fuego, cuidarlo, y mantenerlo vivo.
En este simple aspecto se resume la historia del hombre.

Con esto concluyo.

¡Hombre cuidador de fuego!
Un axioma contundente, que por momentos olvidamos.
Sabemos iniciar un fuego
y en ese elevado acto
somos responsables de preservarlo.
Hasta que, al saber observarlo, escucharlo y comprenderlo,
él nos dicta el momento de parar.

Suficiente leña ha servido a su danza e historia,
se consume en cenizas
y extiende así su legado a otros fuegos,
mientras espera en solitario la mañana.

Huelen a copal mis manos,
huelen a tabaco mis dedos.
Callado observo la lenta degradación de la madera.
Amo la maestría ante la muerte y la sabia aceptación de la
finitud.

La ceniza blanca adorna el pasto del jardín.
Fiel sepultura al ardor del fuego nocturno.

CAPÍTULO 5
ÉTER, El SERVICIO DEL HOMBRE COMÚN

La ermita

Los grandes edificios de la zona de Santa Fe, atrapados entre las nubes y la lluvia, pintan este paisaje de aceptación. Algo me dice que pronto se atarán las cuerdas de mi trabajo espiritual; a mis cuarenta y dos años comienzo a vivir, comienzo a respirar el verdadero aire. Qué hermosa es esta sensación de víspera, esta actitud lactante del néctar sagrado. Estoy atento al fino oleaje de la belleza, atento al sutil suspiro de mis hermanos.

Algo se aproxima inmensamente generoso; en cada bocanada de aire puedo sentir la magia vital, la concupiscencia del infinito y mi cuerpo. La codicia, y el avaro, no están solos, tienen consigo al insaciable apetito y al terrible miedo de perderlo todo. Todo lo demás, ellos lo alejan, pues el que sólo ve para sí, construye muros que lo separan del resto.

¿Quién puede seguir bajo la lluvia sin una causa noble? ¿Quién puede sangrar de los pies y seguir andando, sin la esperanza de un rayo luminoso?

Al menoscabo del acomplejado resulta extraña la transparencia, al que vierte migas en la carroña, nada le huele agradable. Es esto una premisa irrefutable del hombre, ante la miseria de espíritu las montañas son terribles sombras, y los valles desiertos.

Así hablo con el susurrante viento. Así, mientras me acerco al destino, mis ojos lloran lágrimas doradas. Soy testigo de un tiempo honroso, soy amigo del callado pájaro.

Se encarna en vida el espíritu, se hace llamar hombre. Con cadenas se esclaviza, con collares se enaltece. Se dice que todo en exceso es malo, pero cuando nada te pertenece y todo te llega, ¿cómo sentirse excesivo?

Mi amigo responde a mi prosa. Con voz elocuente me dice: la tierra y su alma son hermosas, todo es irrepetible y único. Esta frase me llega mientras me acerco a la fresca cumbre del sendero montañoso.

Maestro, por fin he llegado a la ermita. Los frescos pintados en sus muros cuentan la historia de mi jornada. ¿Hay algo en ella que no sea perfecto? ¿Hay algo en mis manos que no haya sido trazado?

Me arrodillo ante el creador y su creación, ante la luz y su permanencia, ante la oscuridad y su caricia. Estoy envuelto de sábanas, túnicas y mantas, estoy abrazado por este destino, por este espacio armonioso en las alturas.

Le pregunto a mi maestro si es tiempo de sostener el rezo. Si mi voz es capaz de entonar el canto y mis manos dignas de compartir medicina. La respuesta es sensata al verdadero tiempo, la espera es mental y el sol un eterno acontecer. Ya soy medicina, ya soy canto, ya soy luz, pero la maestría, se muestra paciente ante el ímpetu desbordado del hombre que gusta de lo apresurado, como si el fuerte caudal de la cascada no reparara en las suaves aguas del tranquilo lago. Toda sabia espera llega al estado tranquilo de la creación, donde la maestría emana como fuente divina y su rocío baña el rostro del sediento. Asomo mi frente al mirador de las tierras lejanas. Desde acá, al lado del escapado abismo todo luce ligero y comprensible, todo está provisto de un ritmo y un aroma, de un largo trazo de colores finamente hilvanados de múltiples memorias, de un andar accidentado, pero constante y vigoroso.

Al paso voy y con fe ando, acompañado de un amigo, un maestro y un rocío, de un latido profundo y entrañable, que me dice vive y deja vivir. La libertad es el terruño de un suelo nutritivo, varias veces mancillado por los pies errados del poder del hombre. En sus bajas conquistas desnuda al erudito de su toga, y al jerarca priva de su trono. Pero aquellas vides que se mantienen incorruptibles, llevan consigo la dulce entrega de la tierra, tal es el caso del hombre descalzo, el que humilde camina por el terruño sin afán de conquista, sino amando la humedad de su contacto y arraigando su fortaleza en su latido. Hombre de alto espíritu y piel morena, hombre del campo y de la Ermita, tus huellas son marcas de trabajo, tus manos sostienen fuerte sus frutos.

Mi maestro danza, mientras yo escribo. La lluvia y el cielo que nos separan, están unidos por nuestro devoto rezo. He sido golpeado miles de veces por la avaricia de mi pensamiento, sometido al tirano rehilete de una acción egoísta. ¿Hasta cuándo las manchas de mi sombrío paso seguirán llegando en mi nuevo haber? ¿Hasta cuándo estaré liberado del trazo de mi indigente actuar? Hoy que despierto no siento pesar, pero sí las promiscuas garras del golpeteo del ayer, que se avivan al tiempo que mi espíritu se agranda, como exigiendo a mi espalda retroceder, seguir comprando lana opaca, seguir pernoctando en las anchas avenidas del esclavo mercante.

¿Quiénes son estos hombres vagabundos que buscan mi nombre? ¿Quiénes las sanguijuelas que succionan mi sangre? No son extraños, no son semejantes, son mis apegos ocultos, y mis pulsiones enroscadas en la maleza de mi carne. Quiero liberarme de esta sinrazón mía, para no sentir vergüenza en este sitio sagrado.

Al paso y al tiempo, el cielo se va despejando. Toda respiración prolongada nace de un pequeño suspiro. Estoy cercano, más no concluso. Estas notas comprueban mi ligera marcha, pero no retumban más allá de mi cansado oído.

Ermita, enséñame a callar. Maestro, ¿cómo es que danzas sin sentir hambre? ¿Cómo tu piel no suda, ni tu corazón se altera? Este altar en las alturas se dispone, se amplifica, se vuelve mi tumba. Renacer luminoso, como el del halcón, como la pluma de su ala que se desprende en vuelo y cae honesta, sin prisa, sin pausa. Así caerá mi estrechez y mi famélica necesidad de ser nombrado. Hasta que el viento degrade mi carcasa y el sereno meditar me complete.

Llega la noche y caigo rendido. El suelo de la Ermita es de barro cocido, puedo sentir el calor remanente de su cocción. En algún tiempo fue arcilla molida, casi polvo. Encuentro en su textura una tersa piel que sostiene mi sueño, un amigo nocturno, que entre su pasado arcilloso y su actual solidez me resguarda de toda mansedumbre.

En el estado de ensoñación, mi piel se hace vieja y mi corazón joven. Mis latidos tienen el ritmo de un niño jugando. Corro sin ningún juicio por el jardín queriendo alcanzar un globo rojo; río a carcajadas, con bella expresión facial. Estoy circundando entre árboles y pequeños arbustos. Pasan tan rápido las horas que casi olvido que ha vuelto a amanecer. El sol se mete entre las rendijas de madera del ventanal. Al respirar el aire matutino, un leve espasmo entra en mi abdomen. No he parado de reír toda la noche, mi espíritu infante corrió desbocado por el jardín. Entiendo que en estas alturas todo es un bello idilio, un juego, una ensoñación, pero es etéreo el sabor de la realidad. No puedo sentirla a través de mis hermanos, de mis hijos ni de mis compañeros. Es como sorber agua y no mojarse o abrazar las llamas y no quemarse. ¿Qué sentido tiene esta libertad? ¿Qué hueco aparente se abre en la totalidad? Es negar mi humanidad, mi actual condición carnal. Soy un ser dual unido por el regocijo de un cantar divino, soy esta máquina perfecta de interpretación consciente, que ama lo sensible y material, y desborda su grandeza en la esencia de la hiper conciencia.

A lo lejos siguen las nubes cubriendo el volcán y los grandes edificios. Es momento de volver a esa ciudad, a ese nivel del hombre cotidiano, que registra en sus pasos sus jornadas, y en su piel el paso del tiempo. Recojo la pluma de halcón y la guardo en mi pecho, regreso oscilando, sin prisa y sin pausa, como un eterno enamorado de la sincronía del tiempo espacio. A mi maestro dedico mi fiel retorno y a mis hijos este corazón ermitaño, que ha sabido amar desde lo alto, y forjarse sincero en la planicie del hombre ordinario.

Entonces el éter comulga con la tierra y la arcilla vuela en remolinos impulsada por el viento. El color del paisaje retoma su vivacidad y mi cuerpo su estructura muscular. Estoy listo para este camino honroso, para este repetitivo acontecer de momentos singulares, que despiertan en lo sencillo el gran tesoro del cosmos, la magia de servir en el anonimato, de danzar descalzo, sin hambre, sin frío, ¡sin temor!

Animal espiritual
(el reclamo del jaguar)

Ira que se esconde tras esta capa espiritual.
Mi clan se enviste de ofensas altaneras.
Mis puños claman el levantamiento de un pronunciamiento.
Hay brutalidad en la aproximación del burdo adversario.

Se alimenta el jaguar de la brea y la sangre.
Se alimenta de la incapacidad de rugir en el cielo nocturno.
Fiera que invade mis entrañas, fiera que ruge hambrienta.
Su piel, sus garras, su instinto infame y agresivo está en mí,
en cada molécula de mi entumido cuerpo.

Aun así, sigo subiendo al cerro en las noches
para poseer lo prohibido,
para gritar lo animal.

Desgarra al ser que te aborda, ínfimo y vulgar.
Desgarra al espacio grotesco del bajo escozor humano.
Tu fiereza es más que un pelaje moteado.
Es el estandarte de tu herencia,
el bastón de mando de tus jóvenes guerreros.

Ruge jaguar, ruge fuerte en la espesa flora selvática.
Ruge en ese sonoro malestar,
construye pautas de un suelo sagrado.
Que nadie atreva con su vulgar cuerpo
profanar tu poderoso reino.
Que nadie quiera ensuciar tu casta
con saliva espumosa.

Tú eres fuerza y a su vez guerrero,
eres dogma de un espíritu antiguo.
Naces del olor a carne y del verdor.
Sin miramientos, tus colmillos clavas
en el cuello invasor.

Insectos que merodean mi sangre.
Insectos que comen de mi piel.
Lo que no fue en el sur, es en las alturas.
La noche también castiga al animal.
¿Por qué siento este escozor molesto?
Esto que detona en mi pecho bestialidad.

Ante el animal, el minúsculo se inclina.
Pero el sabio aleja sus ojos al acercarse.
Miento a mi carne al hablar en verso.
Miento a mis oídos al prometer distancia.
Soy un ser agraviado y compulsivo, un depredador.

Mosco: vienes a inyectar tu veneno,
cuando las sirenas suenan
y la sociedad ebria articula su grandeza
en un sorbo de alcohol.
Gesto vago y hediondo
El pronombre padre armado de sinvergüenza,
de caspa y grumos,
de grotesca figura animal.

Césped que me absorbe y me hace suyo.
Fuego que se levanta para purificar mis acciones.
La bestia emprende su viaje al lugar secreto del instinto.}

Al cerrar mis ojos ya no hay furia, ya no hay sangre.
Sí un extraño nudo en el estómago
y un aturdimiento permanente en los oídos.

Ignorado por las rocas y la lava,
el volcán me expulsa de su territorio.

Estulto, gris, inservible pelaje.
Cuelgan de mí argollas de adiestramiento,
perlas cultivadas en profundas aguas,
fantasmas de mi evolutiva traza marina
de mis pies anfibios y mi esqueleto espinoso.

Amanecer confuso que se pinta de gloria
con la palabra extendida,
con el instinto verbalizado en patética disculpa.

La moral hace de mí un trozo de papel mojado
que dispensa sus acciones
en las infames líneas del arrepentimiento,
del temor al karma,
de la comunión con esta bandera llamada despertar.

¿Por qué te echas al lecho y ronroneas apenado?
El adjetivo humilde ha perdido su valor.
La tibia leche de mi sangre, ya no es fiera ni guerrera.
Túnica marrón del monasterio silencio,
callada embiste mi vigor animal.

Se guarda en claustro, para su oración,
para expresar su famélica voz misionera.
Hambre de Dios, que agrieta mis vísceras
y palidece mi piel.

Mi corazón manso,
late pidiendo retumbar sin avergonzarse de su instinto.
Soy un monje con piel de jaguar.
Soy el santo raquítico que esconde su voracidad en la palabra amén.
Un hipócrita que recita credos que yo mismo escribo
para ufanamente sentirme iluminado.

Ruge entonces voluntad
e increpa al cielo con tu fuerza.
Ruge y quita esta manta que ensombrece mi belleza.
Haz de mis manos grandes zarpas
y de mis palabras un rugido.]
Para así, aquilatado de joyas y plumaje,
emprenda el sagrado rito de la vida,
la supuesta vida salvaje,
la que, adentrada en la selva,
conquista el miedo de ser animal espiritual.

Ometéotl.

El sueño de Guadalupe

Profundo, profundo, profundo, padecer.

¡Padre perdónalos, no saben lo que hacen!

El monte y el valle se oscurecieron,
La indolencia del hombre ha crucificado al hijo,
En la cima una cruz,
En la verdadera vista periférica, un prisma.

Profundo, profundo, profundo, malestar.

Escarba el hombre, en las entrañas de su sangre,
En las ligeras banalidades del deseo,
Truenos en el cielo,
Prisión multi-reflejante de la luz.

¡Maestros, despierten!
 Caven profundo, encuentren el cuerpo exhumado,
No sus restos, sino sus glorias,
Su libre condición profética.

Ave emplumada de blanca vestidura,
Asciendes, mientras el hombre cava tumbas de piedra,
Judea, ciudad perdida en la profunda oscuridad humana,
Olivos e higueras paganas,
Donde llora el hijo y canta el traidor.

Comparte el pan, sin esperar frutos,
Jesús ha iniciado su propia eucaristía.

Se abraza en un sueño la madre a sí misma,
Descubre la muerte y la redención en la palabra,
Acompañada del profeta, del hijo, del hombre,
Convierte la cruz en abrazo y el prisma en religión (en la
unión sagrada de su ser, al único Dios, al trinitario).

El Cristo de la catedral espera el hermoso fluir del río de lobos,
Del mar celeste, del rojizo tardío,
Mujer sabia, escarba en la tierra, no encontrarás nada,
Solo leña verde, y pequeñas larvas,
Deja ya de amasar lodo,
¡Despierta!
Se ha fecundado tu espíritu, en la jornada del fuego,
El que transmuta la carne y la convierte en pan,
Celebra tu eucaristía, y llora de alegría.
Estás más cerca de abrazar la sagrada alianza,
La que Jesús en ofrenda te regaló, y con su muerte elevó al
pronombre divino,
Haz lo propio,
Comulga,
Y libera tu ser del pecado terrenal.

Profunda, profunda, profunda sed de la peregrina,
En su edad adulta, sigue queriendo conquistar lagos,
Sigue molesta, aferrada al cuero y al carbón,
Sin observar en su pecho, el bello canto del gorrión.

Tres días han pasado, tres días pasarán,
La mujer subirá al cielo,
Desbordando luz, caminando sobra la tierra,
Cantando la hermosa oración del Padre Nuestro.

Perseverancia, la prolongada luminosidad de su ser,
Uno, dos, tres, siete veces siete,
¡Enhorabuena Guadalupe, has despertado de la ensoñación!

Meditación (postura)

Mientras medito, un maestro oriental me exige una postura firme, digna de un guerrero

Un dorso encorvado y el cuello caído es menester de los sedientos y raquíticos meditabundos.

Es preferible diez minutos en posición altiva, que una eternidad observando el suelo.

Meditación (composición del átomo y el universo)

La memoria atómica, químicamente desempeña una función sustancial en la materia, pero también se compone de una parte eléctrica. ¿Los pensamientos están compuestos de algún elemento químico? ¿O simplemente subyacen en el enlace holográfico del éter y la energía?

La autonomía del átomo tiene su propia inteligencia, pero también tiene la influencia del sistema nervioso que le manda señales. Esto es la misma composición del universo, existe algo interconectado que es el sistema nervioso central y periférico del universo; a su vez, cada átomo o sistema solar tiene su propia memoria e inteligencia.

El hijo hombre nace a partir de la composición química, en el momento en que un impulso eléctrico se manifiesta en sustancia. Previo al impulso eléctrico, está la conciencia que es el espacio etéreo, éste tiene la capacidad de estar inscrito en una totalidad o unicidad en el sistema.

En el universo, la conciencia central está unidad y totalizada. No obedece al límite establecido de la luz, sino que es omnipresente y omnisciente, no necesita del tiempo ni del espacio porque ella misma es el tiempo y el espacio.

En nuestro sistema sucede lo mismo. Una célula en el cuerpo, al liberarse de él, pierde su enlace con el sistema nervioso, pero sigue conectada al cuerpo etéreo, porque éste es universal. Cuando se fecunda vida, se crea la estructura energética y química. En el caso del humano, la autoconciencia es la proyección holográfica individual de la unicidad etérea; esta proyección es la propia unicidad etérea universal, la conciencia divina, el hijo de Dios, pero está cubierta por un velo separatista.

Cuando comemos o introducimos algo a nuestro cuerpo, se absorbe químicamente y por consecuencia desdobla intercambios eléctricos, pero realmente es una simulación en el plano etéreo, dado que no hay límites, es Dios auto consumiéndose.

Si sabemos disipar la proyección holográfica etérea de nuestra autoconciencia, podemos, sin duda, establecernos en todas partes y en todos los tiempos, podemos transformar el plano energético y el plano químico-material.

Es interesante estudiar los distintos elementos químicos. Algunos sirven de portales para este acceso etéreo. Las reacciones químicas son mini construcciones de puentes universales, dos o más universos enlazándose, creando nuevos universos compuestos.

¿En qué momento nace la autoconsciencia? ¿Cómo se detona esta proyección holográfica del uno? Este campo etéreo, ¿en qué momento se mezcla con el eléctrico para crear la mente y con ello la sutil barrera de la realidad individual autoconsciente? (Probablemente en algún punto de la gestación del embrión humano). ¿Este cuerpo holográfico aparente tiene alguna densidad química o eléctrica? ¿Existe en algún plano o es la distorsión del enlace entre lo etéreo y los otros planos?

La unidad de vida se llama célula (¿será ésta esa interfaz entre el microcosmos y el macrocosmos?), ahí estarán inmersos los tres planos. El carbono es lo que constituye lo orgánico, ¿qué significa esto realmente? ¿Lo orgánico será lo femenino? ¿O esta madre celular, unidad vital, es la propia arquitectura biológica del enlace entre lo eléctrico, lo químico-material y lo etéreo? ¿Es el carbón el elemento base o lubricante para esta interacción?

De algún modo cuando se medita se logra activar la memoria atómica y se penetra a los enlaces profundos del cosmos, en los dos sentidos internos y externos, micro y macro; a su vez, se llega al último, o más bien, elemental estado, se accede al éter y con ello a la totalidad unificada, a la conciencia creadora. ¿Será esta conciencia creadora una réplica holográfica de otra mayor? En un orden fractal, ¿cuántas autoconciencias están interpuestas?

¿Hay algo llamado no conciencia? ¿Nada, vacío o inexistencia? ¿Se puede concebir algo así? De concebirlo se estaría eliminando, al eliminarlo se construiría una paradoja existencial, una falacia de la no existencia. Esto hace absurda la pregunta original, y sustenta la eternidad del todo, del universo, no en tiempo ni en espacio, sino en autoconciencia. Todo lo demás que está en estado manifiesto, es sólo el principio de la proyección holográfica de la conciencia. El inicio del tiempo-espacio, de la energía, de los elementos atómicos, de la química y sus enlaces.

Infinidad de niveles holográficos de la conciencia de Dios, hijos de Dios, e hijos del hombre exponenciales a la n ∞ pero conclusivamente siempre potenciado a la n 0 es decir a 1 que es la proyección base holográfica, lo que más se acerca al 0, es decir, a la conciencia pura sin objetividad de sí misma.

La divina providencia es, en otras palabras, abrir el enlace con la conciencia raíz, donde todo existe y a la vez no; es la fuente inagotable, la abundancia consciente de infinitas realidades proyectadas. La Fe es la actitud de creer sistemáticamente, es la emoción clave, que tanto en lo eléctrico como en lo químico establecen las condiciones idóneas para nutrirse del maná de la divina providencia, del acceso a lo etéreo, de la magia de liberarse de la proyección tiempo-espacio, de habitar en el 0 para integrarlo en el 1 original. Allí todo es posible, el principio de la sanación cuántica, de la constante providencia de la abundancia infinita.

La respiración, una llave más al 0 y 1, las posturas o asanas son la liberación de restricciones energéticas, y lubricación de reacciones químicas: soltarse y liberarse del velo. La alimentación es la construcción de muros por la densidad de elementos externos. Enlodan los puentes, de ahí la relevancia de una dieta baja en densidad.

Neutralidad

A la distancia, el volcán se observa como un nuboso retrato de lo imposible. El corazón de mi hija venado reposa sobre la cama, mientras peina el cabello de su muñeca. Su energía irradia amor y cuidado.

La neutralidad es la forma óptima para conectar con otros planos, también es el estado idóneo para sentir en este plano la totalidad de la vida, expresándose en cada momento como una fiel obra de Dios. Este estado elimina las percepciones subjetivas que distorsionan esta sensibilidad de conexión y flujo constante.

La neutralidad es uno de los cuantiosos dones del espíritu, que se consigue al trabajar la ecuanimidad y la disciplina diaria.

Meditación y reflexión dominical

Crisantemo blanco,

Florida energía que se expande desde mi centro a la periferia,

Extenso valle dorado de trigo,

Allí donde la maestra Duque me muestra la tierra nutritiva.
He extrañado su palabra, espero esté con bien.

Pequeñas limosnas al apetito raquítico y compulsivo,

El mendigo se asoma sobre el muro, está sediento, está fa-
mélico,

Le extiendo un billete mientras me condeno al burdo acto de
alimentar larvas,

Así atento contra la divina condición humana,

Así condeno mi bondad a un trozo sucio de papel.

La maestra danza, está enferma de ilusión

Abre sus alas, no para volar, sino para esconderse

Quisiera poder complacer su paso, pero no apetezco danzar sentires mundanos,

Estoy despierto, bailando el mismo compás del oleaje del mar.

Visito a la madre, al padre, al perdido misionero, y a la enferma.

Sentado en flor de loto, observo su proceso, los acompaño, como el cuchillo de pedernal me acompaña en la tardía llegada del verano.

Soy juez del salto luminoso de la infancia,

Testigo ocular del juego creativo,

Mis hijos me llaman y yo estoy ahí.

La hermosa anciana se hinca a mi lado en la iglesia, los dos oramos con penetrante devoción. Pedimos por la terca humanidad, y por el gozo del que se ha hecho grande. Mientras a mi entender llega la completa comprensión de la imagen del Cristo crucificado.

La montaña me espera, junto con la bella estrella ecuatorial.

Mañana, quizás, pueda caminar sin expectativa,

Como simple peregrino, buscando tierra, hablando palabras sabias y encontrándome

nuevamente con el hermoso guardián del camino de ascenso,

Mi querido hermano árbol.

Breve reflexión de la imagen de cristo crucificado

La imagen de cristo es perfecta, aunque en muchas ocasiones la representan mal.

La cruz es a la altura del corazón, que representa la intersección de la materia y la esencia.

La corona de espinas es la dolorosa sujeción a la mente, al pensamiento. El reinado de la conceptualización de nosotros mismos.

El taparrabo, es la forma en que censuramos la belleza natural, la conducimos a lo pecaminoso.

Los clavos representan el auto flagelo que le proporcionamos a nuestro cuerpo con malos hábitos o con exceso de idolatría por él.

La cabeza en posición inclinada hacia abajo y un costado, es la rendición de la lucha entre lo material y lo esencial, la entrega total al espíritu, al padre, a la esperanza.

Las piernas en la posición ligeramente asimétricas, es nuestra postura en este plano, muchas veces corrompida por la falta de firmeza en nuestro posicionamiento.

El rezo del obstinado

¿Señor de qué estoy servido, y de qué estoy repleto?

¿De qué se nutre mi oído, y mis manos añaden su gracia?

¿Hay algo en mí que no sea excesivo?

¿Hay algo que me sintonice en nada?

Si yo pudiera comprender el ligero vaivén de tu canto, no pediría a mis dedos hacer

figuras rebuscadas, ni a mis ojos explorar las estrellas.

¿Por qué tengo que encender la vela, para sentir conexión con las lejanas galaxias?

¿Por qué tengo que hablar, para sentir que mi voz realmente resuena?

Si estoy hecho de una infinita nada, de un traje oscuro y sin forma.

¿Por qué la luz se extiende hasta convertirse en profunda ceguera?

Estoy desprendiendo de mí, la caspa continua del oxígeno, estoy en estado de sobriedad existencial, cada una de mis partículas se demuestran a sí mismas, la resultante ilógica del número uno.

Vacío, sin límites, ¿cómo puedo interpretarte? Si al hacerlo te destruyo, si al

cantarlo te agredo.

Parece que las arterias pictográficas de esta proyección son lo bastante nítidas para

confundir mi alma.

Vacío, inmensa soledad y ausencia,

Grito hueco sin un atisbo de sonoridad.

¿Hay algo que parezca finito?

¿Hay algo que enmarque el límite?

La probable mentira, la incansable trama imaginativa, la colorida cascada del saber, el

reflejo de mil notas, de mil palmos.

¡Lázaro, levántate y anda!

¡Deja el vacío y cumple tu deber!

Maestro obsidiana, maestro copal, en ceremonia, en flujo humeante que nace del sahumador.
¡Alejandro, levántate y anda!

¡Basta del tedio de un flácido deseo!

Hombre medicina, creador del abismo penetrante de la autorrealización, has de saber que tu tiempo es tu tumba y tu gloria, la liviana fragancia del tinte de tu espíritu.

No pares de estrechar tus músculos, ni alargar tu espalda, encuentra la continua ruptura

del límite posible, y en comunión con tus hermanos medicina, ¡despierta y anda!

¡Despierta y canta! ¡Despierta y eterniza el vacío!

Cuatro platos están servidos.

Entusiasmados seres, la madre nutre al hambriento, el padre se ríe de sus parafernalias.
Desaparece, extiéndete hasta la nada, desde esa morada abraza las mieles de los tuyos, acompaña a la natural proyección del todo, a dibujar los trazos del nuevo porvenir.

Hombre vacío, esparcido en éter,

Hombre taciturno y desvelado,

Sube despacio los escalones,

Haz una pausa,

Respira, respira, respira.

Se crea la magia en las aureolas distantes del cosmos,

Todo el paisaje es vestido de un violeta intenso,

Millones de seres tejiendo el sueño del creador,

Salpicando mundos con tesoros ocultos,

Alimentos sagrados: que acercan al cuerpo cubierto de bronce, al bello inicio de la luz.

Murmullo, acaricia mi centro,

Atiende las marcas grises de este pacto terrenal,

Este corazón palpitante y fuerte,

Este espíritu de lucha y excitación me hace creer que Dios también es obstinado en sus deseos,

No basta la luz para sentir su omnipresencia, la carne es el cuerpo favorito de sus glorias,

En especial, la de este animal llamado humano,

Que hace a bien, dudar de su naturaleza,

Para así adornar la obstinada voluntad divina, con el macabro juego del desdén.

Aprende a sujetar tus listones y tus cuerdas,

Aprende a ceñir la frente ante el espejo,

Que tu coloquial figura sea un misterio,

Y tu verdadero color la blancura, esa que ciega, esa que narcisista transforma el cero en

un aplastante uno, (el yo minúsculo de la mente),

Así que aplaude a tus logros circenses, animal espiritual, necio y obstinado,

En lata y en conserva, sigues resguardando tierra inservible,

Sigues poetizando la sombra de un obstinado desdén divino.

Vacío, ¿hasta cuándo regresarás a tu estado latente?

¿Hasta cuándo tu velo dejará de flotar?

Homo-labor

Yo que nazco de entre el lodo, cubierto del amor sagrado de mis padres. Yo que alcanzo altura al establecerme en el tronco espiritual de mi abuelo.

Las aguas han removida la tierra, el suelo está contento, la sensación perenne de la finitud material del otro, hacen acompañar mi vida al continuo deleite de esta arca milenaria.

El sabor terroso de mi boca, el limpio resguardo del viento. Se levanta mi puño derecho en reconocimiento de la labor humana. El hombre que trabaja, el puño que resuena fuerte en el centro terrestre.

México: espacio sagrado de trabajo, de alimento, de abundante medicina. Has recibido a mi casta, a mis hijos, a mi familia. Mis pies honran tus campos al caminar desnudos por tu pasto mojado, mis manos se hacen terruño y con tu orgullo abrazan a su hermano.

Lo pequeño hecho grande, como la pluma solitaria del colibrí, como el pequeño hongo que descansa sobre el tronco de su hermano mayor, sincero, le hace honor a su esfuerzo, a su lucha, a su sostén.

El padre tiempo condena al desgaste y al deterioro, a la simple relación del acontecer de la carne y su espacio dinámico continuo. Si quitas, la ley del balance agrega, si das recibes, pero ante las reses colgadas en el rastro, la tentadora propuesta de alargar lo terroso, resulta promiscua e invasora. Prolongar lo sagrado por un desdén humano, es manchar de cal el orden perfecto.

Principio de la no interferencia, me arrodillo ante tu infinita sabiduría, y contemplo desde lejos la callada caída de los frutos maduros.

Mamá me he despedido de tu cuerpo, me he liberado de esa necesidad mía de retención. Estoy libre y con el torso descubierto, recitando poemas, al bello linaje Guadalupe. Quisiera verte saltar la cuerda y sonreír, quisiera abrazar tu cuerpo en esta edad adulta, pero tus brazos descansan allá donde el tiempo no sucede, allá donde la magia hilvana sus hilos con esta esfera viajera.

Te soy honesto, "ya he leído los cuatro acuerdos", mi hijo Alex los pronuncia en mis oídos. Es cómico, es irreverente, saber que el texto es mero simbolismo, y la vida es un juego colorido, como el hermoso flujo de mi hija Elena, como su fiel sonrisa que nunca para de extender su brillo.

Ahí está el patriarca, el portador de la estampa Guadalupana desde su nacimiento. Mi querido hijo Andrés, quien será el encargado de seguir tus pasos mamá, y llevar tu nombre a los futuros frutos.

Cuanta abundancia nace de mi pluma, vuela en ondas hacia todos los asistentes, hacia sus familias, hacia sus manos. Todos aquellos que sostienen con su trabajo a mi familia, son bendecidos por diez, y honrados con la danza del pavo y su pluma. Sopla el viento y esparce las semillas, hay tierra fértil en los húmedos campos.

Gracias medicina, gracias verdad absoluta, me despojas de todo, pues nada me pertenece, sólo la acción vibrante de mi trabajo y mi servicio.

No soy nada, nada me pertenece, más que el pulso de mi corazón y la fuerza de mis puños, que han sabido trabajar y honrar la estirpe de mi padre.

El agua reposa en el termo de cristal y obsidiana, me doy cuenta de que puedo beberla, sin realmente tomarla. El diseño sagrado de la geometría de las formas hace posible beber este líquido vital en quietud y a distancia.

Observo a mi maestro en inmutable estado, vigía de nosotros los dispuestos labradores. Qué bello es contemplar el trabajo del hombre, ese que trasciende lo corporal y agranda el espíritu, con el simple establecimiento de la mirada sin juicio.

Honro tus palabras mi querido amigo Josué, y convierto mis intenciones milagrosas, en una simple observación de la voluntad del otro, de aquel que despierta y trabaja, de aquel que, como Lázaro, se levanta y anda, no por ufana autoridad del Cristo, sino por reconocimiento del padre en su ser dormido en el eterno descanso. Ese es el verdadero milagro, reconocer al gran espíritu en la totalidad de nuestro ser, pues así la muerte se hace vida y la ceguera, luz.

La risa da matices espectrales de júbilo y lamento, de ira y liberación, de pulsante vida, orquestada y coloreada con el pincel de la diversidad. La mezcla rica de sabores y olores, del carnal antojo de una torta de jamón, y el fiel goce de un baño de lodo. Estamos despiertos, danzando y con la hermosa bandera de la tierra en nuestra piel.

Ha amanecido: se han abierto las puertas, se ha filtrado el verde follaje de los árboles, bañados por el rocío húmedo de la mañana. El tabaco se comparte, así como la palabra. La voz: ya no es somera ni hilarante, sostiene poderosa el decreto de la palabra, de la sabia medicina, del homo-labor.

Lluvia de colibríes

Los dos colibríes han muerto, han sido alcanzados por los dientes del can, la voluntad se cae del cielo, busca regresar a la tierra, desintegrar su cuerpo al lado del peral, ser diluida hasta su absorción.

Sobre mi brazo derecho ha brotado una piel escamosa, mientras apuntaba al cielo occidental, las ondas sonoras me decían "ven", pero no he prestado atención a los seres celestes, aún sigo caminando sobre el lodo y la tierra.

Decido honrar al último colibrí que cayó muerto, lo entierro y agradezco por su vida, pido que su corazón se encarne nuevamente con fuerza, que continúe su vuelo en el corazón de algún pecho inocente.

¿Qué posibilidad se tienen de probar el fruto del peral y sentir su aleteo en la boca? ¿Cómo saber que el aire que respiro, alguna vez fue movido por su vuelo?

Todo está pasando a la vez, todo acontece en una inhalación; el pasado, el futuro, el ahora. Todos los eventos convergen, sin importar en qué presente me encuentre.

Ahí está, el fugaz desplazamiento del colibrí, el llamado celeste de la estrella occidental, el primer fuego creador, la última llama encendida, todo está comprimido, unificado en esta inhalación, en esta poderosa inhalación.

Quizás mi pensamiento abrace a un ser distante, quizás mi vida se eternice en el alimento de un insecto.

El quizás que se vuelve un hecho, al ser liberado de las garras del tiempo.

Lo posible, es la casa, lo omnipresente el espacio vacío.

Entonces, ¿qué veleta puede comprender la dirección del viento, si no hay dirección en lo atemporal?

Hemos estado apuntando hacia la nada, hacia esa distante estrella que remata en mi cuello. ¿Por qué me he llamado a distancia?

¿Por qué mi hombro se reptiliza al separar y prolongar el sonido?

Ha comenzado la lluvia de los colibríes, siguen cayendo sin importar su altura. El cielo está terrestre, está cercano a convertirse en lodo, como es arriba, es abajo, como es adentro, es afuera.

Bucles: recintos ceremoniales más allá de la cambiante proyección del intelecto. Notoriedad imaginativa del argumento vida, de la llamada narrativa del hombre pensante. El talento de sumergirse en el tiempo, de idealizarse a través de la palabra. Es como mascar chicle, extraer su sabor, endurecerlo, para luego escupirlo al cesto de basura.

¿Por qué decido entonces esperar sentado?

¿Por qué me agacho y como del plato sagrado?

¿Qué sentido tiene seguir tragando? Si al final, la magia es una tilde colorida del último aleteo del colibrí tornasol.

Todo cae por su peso al terreno lodoso, todo cielo imaginario termina por concluir en la muerte del espacio. Arremetiendo la gracia al eterno vacío, al cuarto oscuro donde todo converge en sincronía.

Mis escamas se han extendido al antebrazo, mi puño cambia de color, se embellece con el gris escamoso, se fortalece y agranda.

Retuércete, padre tiempo, tu lánguida figura comienza a desvariar. En esta dimensión ya no condicionas al que hoy te nombra. Has envejecido en tu itinerante recorrido, te quebraste, la luz ya no es el límite.

Llueven colibríes, este es el precio de sobrepasar el tiempo, la voluntad se carcome, se muere, se suicida. Se halla así misma ociosa, injustificada en el plano sin espacio. Todo converge, todo se aterriza y sirve de abono.

Mujer colibrí, hombre can, el pavo ha limpiado el aire, hoy es proclive para la abundancia; que, cuando lo analizo, es la zozobra del eterno cuento de libertad. Figuras encapsuladas en la estantería de la vida material.

Piadoso elogio al insensato parlante, piadosa madre creadora de la ironía, divagas y bailas en azufre, girando tornasol por la nublada conciencia del público expectante, hombres y mujeres venerados con flores, altares de adoración a lo simplemente incomprensible.

Vacío has vuelto, por ti confundo el sabor de las fresas, por ti mi pico ha confundido el musgo con néctar, y las margaritas con muerte.

Termina así de hablar el último colibrí, mientras es devorado por mi hermoso perro Rax.

Meditación en el hotel de Frankfurt

Búsqueda del Padre

¿Quién es el padre a quien tanto le he rezado?

¿Quién es, y por qué lo busco?

Mi espíritu es errante y huérfano,

No puedo reconocer quién de mí es el progenitor.

Siempre ha estado ausente, y representado a través del cuento, De la historia fantasiosa del aventurero, del extranjero, del navegante.

Es así, como hoy busco mi espíritu, a través de cuentos e historias rebuscadas. De viajes a estrellas distantes, comiendo frutos sagrados que muestren su rostro.

Pero sigo huérfano y sin entender de dónde vengo, quien representa en mi ser ese espíritu creador.

Aquí en la tierra, he sido testigo de la lejanía paternal, a través de mi madre, he sido articulado de una epopeya idílica del concepto paternal, pero en mis adentros siempre he estado solo, hambriento por encontrar ese concepto, esa verdad, esa esencia. Hoy alzo los brazos y pronuncio el padre nuestro. Pero no entiendo a quién le rezo, no hallo en este oleaje, un sitio certero dónde encontrarlo; dónde vivirlo, dónde servirme de su gracia.

En la oscuridad, observo mi silueta, que atestigua al padre de mis hijos, en mi ser habita esa premisa, sirvo de ejemplo y traza energética para expresar al padre a través de mí, pero no lo encuentro en mi propia experiencia.

¿Cómo es posible, que puedo ser canal de la paternidad y aún no conozco al verdadero padre? Soy huérfano entre las sombras, soy un vago reflejo de esto que sigo descubriendo en la meditación y los libros sagrados.

Entre más lejano, entre más diminuto, más ansiedad me asalta por saber de ti, padre mío.

Me sé hijo del hombre e hijo de Dios, pero no alcanzo a dimensionar la plena esencia del padre. No sé, si es Dios, no sé, si soy yo revoloteando en la eterna reencarnación. No sé, si la madre me ha envuelto tanto en su discurso, que me he perdido la posibilidad de vivir al padre en su estado puro.

¿Qué es vivir al padre?

¿Acaso es posible en este velo materno?

La naturaleza siempre adorna la fragancia paterna, la corrompe, la hace espaciosa e inalcanzable; sin embargo, vivo mi paternidad en vida y materia: sabiendo que en ese abrazo a mis hijos; el ser conceptual de la paternidad, habita en el intercambio amoroso y fuerte de nuestra relación.

Mi padre me aventó al agua para que aprendiera a nadar, así mi padre celeste lo ha hecho, al ponerme en esta tierra tan llena de ruido.

¿Dónde estás? ¿Por qué no te puedo encontrar?

¿Cuánto llevo circundando en esta caspa orgánica, sin poder sentir tu abrazo universal? Sigo errante y vagamente espiritual, sé que, por medio de la oración y el rezo, es que te puedo encontrar, pero aún esta devoción mía es frágil, demasiado mundana y pestilente. Padre, ¿dónde estás? ¿Por qué me has abandonado?

Cenizas caen en los rostros de los que han observado el fuego arder, cenizas de bombas, de volcanes, de eternos fuegos, nuestros ojos están calcinados, nuestros corazones rojos y ardiendo, pero no dispuestos a encontrarte, por qué eres tantas formas que te nos pierdes.

No sé hablar contigo, no sé sentirte, no sé llamarte por tu nombre, ¿cómo rayos voy a encontrarte, amado padre?

Me he puesto de cuclillas, de pie, hincado, en loto, y ¡sigo sin saber de ti! ¿Tan ciego estoy?

Cuando profundizo en mi corazón, me encuentro diminuto en un espacio inmenso y oscuro. Nada huele a ti, nada refleja tu nombre, estoy solo allí adentro, sin embargo, te sigo buscando.

¿Padre, acaso existes, o mi madre me ha contado tanto, que es falsa la ilusión?

¿Acaso el espíritu sólo es un galgo desbocado que gira en círculos?

Mi orfandad: es el producto de mi fe escueta y vaga. Soy tan lejano a ti, como lejana es mi confianza. Estoy huérfano y sin mapa, navegando mares infinitos para hallarte. Te pido perdón, por ser tan obtuso, por limitar mi rezo a un nombre, por cantar salmos sin la partitura correcta, por ser aquel que se fue y no halla su retorno.

Me arrepiento, de esta búsqueda sin bandera, de este edén olvidado, te extraño, ¡te necesito padre mío! Cómo quiero regresar y no me da la gracia para sentirte.

Colonia, Alemania 2024

Las reliquias de los olvidados

En una habitación oscura, aguardo las largas horas del holocausto. Algo dentro de mis venas fluye sin poder yo entenderlo, es algo de ansiedad y angustia, algo de reserva distanciada a la condición humana.

La música clásica suena, mientras el cielo nocturno se ilumina con las ráfagas y las bombas. Han caído un par cerca de esta habitación; puedo escuchar el crujir de la madera mientras arde.

Esta raza aria tan dependiente del poder, tan insensata y cautiva de las armas. Se liberan y se someten al mostrar en su pecho las insignias de guerra.

Me separan décadas, pero el hedor a pólvora sigue concentrado en este hotel cercano a la catedral.

¿Cómo hace la historia para recubrir con bares y pequeñas plazuelas lo que fueron cadáveres y lamentos? ¿Cómo puedo beber vino sobre el suelo donde corrió sangre?

Este espejo gigante que refleja las lejanas quimeras del niño huérfano, este telón que se cierra sobre los muros de las tiendas y sus aparadores. Cuando camino, puedo sentir el cráneo destrozado de un anciano, las ratas comiendo carne humana y el olor a putrefacto.

¿De quién es la verdad? ¿De quién el relato histórico? ¿Cuántos campos santos realmente persisten en esta tierra? ¿Por qué se ha manchado el humano tantas veces de sangre y vileza?

Hoy miro las reliquias de los reyes magos, en un sarcófago chapado en oro; alguien ha olvidado meter los restos de aquellos niños quemados, de la madre embarazada y el cocinero de la vieja taberna. ¿Por qué sólo se honra a los sagrados mitos? ¿Quién les da nombre a los tantos cuerpos caídos en guerra? ¿Quién me recuerda en la guerra púnica? ¿Quién en la conquista del mar negro?

Soy un atisbo perdido en algún viejo libro, la nota al pie de algún rebuscado enamorado de Herodoto. Pero ¿dónde está mi tumba? ¿Dónde mi nombre y mi busto tallado en bronce?

Es tan oscura esta habitación, que me hace observar la crudeza narrativa del hombre y sus seudónimos morales. El cobarde se acoraza en la nobleza y el guerrero se aprisiona en la baja sombra del nombre común.

Huele a pólvora este ambiente, huele a sangre y carne muerta, huele a mentira, a bajeza, a repugnante mentira. Sin embargo, siempre hay héroes en estas cosas humanas, siempre condecoraciones excelsas y jocosas. Aquel que desde su escritorio firma el acuerdo de posesión, de sometimiento, llamado paz.

Dime querido obispo, ¿a quién resguardas? ¿Qué restos yacen dentro de ese mausoleo? ¿Son cristiandad, o son arrogantes versos de un relato opresor? ¿Dónde están los muertos en la hoguera? Los que por hambre pronuncian plegarias.

Nada se dice, más que el silencio delator del último estallido, estamos en guerra y nadie le ha preguntado al hombre ordinario si quiere recibir del cielo tremenda ofrenda.

Colonia, en tu hermoso nombre guardas tu pecado. Gracias por resguardarme en este cuarto oscuro, gracias por darme la bella sensación de protección. Esta noche no será mi muerte, he visto a San Crístofer por la mañana y me dio su bendición. ¡Qué mueran súbitamente todos aquellos que no miran al santo, que no alzan la vista, más allá del propio tiempo de dominación! Pues la colonia es la estrella benevolente del que ufanamente redacta la historia. Aquella que en su mano talla los crueles y poéticos versos del infierno. "Nuestra reciente historia humana".

Mañana, más certero, podré caminar por las callejuelas sin sentir pena por mi desinteresada complicidad histórica, como afable turista, cautivo por el encanto de esta ciudad. La compra de un suvenir plástico seguirá borrando los nombres de las víctimas, bajo el adoquín de esta emblemática ciudad.

Faro

Padre mío, ilumíname,
Estoy inmerso en la soledad,
He sentido tu canto,

Pero ya no lo escucho más,
Ahora, ¿qué es de mí?
¿Por qué soy tan pequeño, que no puedo escucharte?

¿Quién es ese hombre cruel de promiscuos ojos?
¿Quiénes lo acompañan?

Verdad: oblicua figura geométrica de múltiples caras.

¿Se puede reposar, mientras la luz de la calle adorna la postura del hombre, y mi cuerpo recostado en la cama, busca
incesante a Dios?

El faro me responde, sí.

8.8.8

¿Es posible que el sonido no sea realmente sonoro, en su esencia primaria?

¿Cómo se podría expresar la totalidad de la amplitud sonora?

Así como la totalidad de los colores es el blanco, existe un sonido primario único, este que no sólo trae vibración sino datos e información codificada que puede incluso viajar más allá de los límites de la luz.

Ceremonia.

Los truenos comienzan a ejercer su fuerza en el cielo nocturno de Malinalco, mi cabeza estalla completamente aturdida, no cesa el intenso zumbido, es como si el sonido pudiera desdoblarse en microscópicas barras, que fluyen zumbando, mientras se conectan a una red extrañamente formada entre los rayos y mi cabeza. Mi glándula pineal está vibrando como cascabel, todo mi cerebelo se presiona con los oídos. Es tal el aturdimiento y la representación del sonido fluyendo en barras microscópicas, que algo de líquido cerebral siento que corre por mis fosas nasales.

Entre el aturdimiento se deja venir un extraño miedo, una soledad que me hace refugiar en el rincón del escritorio, esperando que la tormenta eléctrica termine. Lo siento como una extraña furia divina, algo visiblemente inorgánico, con frecuencia radiofónica y emisiones de datos, pero que se sintetizan en una extraña y nueva concepción de la apariencia de Dios. Siento temor de Dios y mi cabeza a punto de explorar. Me arrodillo mientras comprendo que es así como viaja el sonido inter espacial, o interdimensional, a través de los rayos y en una extraña mezcla de datos y ondas de radiofrecuencia, asociadas a la luz, pero infinitamente más rápidas. Se están comunicando conmigo y no sé desdoblar el lenguaje, no puedo, incluso, soportarlo.

Por fin se calman los truenos y el zumbido, por fin mi mente puede focalizar un cierto ritmo, una cierta visión, que viene acompañada de un ambiente oriental. Estoy arrodillado, portando un traje negro de ceremonia japonesa, con una katana y una venda en mi frente, soy un señor de unos 50 años, a punto de tomar la responsabilidad de un crimen mortal. Desenvaino la katana, la acerco a mi abdomen a la altura del colon, la clavo, girándola posteriormente, para rebanar mi abdomen en dos, de derecha a izquierda; justo al llegar al bazo, caigo muerto de frente al suelo y todo se oscurece completamente, tanto en mi extraña visión como en la habitación dos del hotel de Malinalco. (Un rayo cayó tan cerca, que se fue la luz).

Al percibir nuevamente un poco de luz, mi visión sigue en un ambiente oriental, pero esta vez mi cuerpo es el de un joven de entre 20 y 25 años que porta traje de entrenamiento blanco. Sé que la desdicha de mi muerte en el vientre de mi madre sucedió en otro universo paralelo, pero en el dojo mi postura muestra el honor de una vida consagrada a la grandeza, hago formas marciales que abren la puerta de estos dos mundos. Estoy condecorado con la disciplina y el honor, soy un gran ser humano que busca en el auto control y el conocimiento del movimiento y el espacio, la posibilidad de honrar mi corazón degradado en otro tiempo-espacio. Pongo mis puños sobre el dojo, con una rodilla en el suelo y mi otro pie bien postrado al suelo, levanto el rostro y siento a mi padre, que realmente soy yo a lo lejos. En la ceremonia, mi hijo me muestra lo que pudo ser, lo que está siendo en esa dimensión distante, donde por mi cobardía y el deshonor de mis actos, me quité la vida con el ritual del harakiri en ese mundo.

Alza el puño el joven karateka (mi hijo) y todo vuelve a oscurecerse en la habitación dos de Malinalco.

Ahora solo veo cadáveres de niños y niñas, de pequeños no nacidos. Observo en rededor. Junto a las siamesas, el cuerpo esquelético de una niña muerta. Hay tanto karma regado en el suelo, que me entristece saber del egoísmo humano (de mi propio egoísmo). El susurro de Shiva (el principio transmutador) y la fuerza vibratoria de mis hijos (Alex, Andrés y Elena), me hacen ver que todo pasa por algo y que hay un orden perfecto en el transcurrir de los eventos, cuando este orden se rompe se ramifica el espacio tiempo en un universo paralelo, para interpretarse como debía ser. La consecuencia para el actor, en este caso yo, es acumular karma, que de alguna forma tendrá que ser trascendido.

Tomo una bocanada profunda de aire, mi cuerpo comienza a actuar y liberarse, encuentra formas y posturas yóguicas que le ayudan a alinear su energía, me levanto y extiendo la pierna derecha, la postro sobre la mesa en perfecta extensión y postura sublime. Soy un bello bailarín francés, algo afeminado, pero completamente estilizado por el cultivo estético de mi cuerpo y rostro, y así en dicha postura permanezco largo tiempo hasta que la pañoleta de mi cuello vuela y vuelvo a la habitación dos del hotel.

Ahora me siento en una silla, de frente tengo a mi hermana, que, a simple vista, me parece más una pequeña choza, algo así como el establo que venden para poner las figuras del nacimiento de Jesús, detrás de ella está un tío hermano de mi padre, este ha impregnado de mal karma a mi hermana y a su hijo, ha hecho algo atroz que no alcanzo a descifrar, lo confronto para evitar que siga depositando esa dura loza que cae sobre mi hermana.

Me llega la risa, y recuerdo un video de YouTube de un hombre apodado El wiwi, no paro de reír, me nutre el saber que a medida que no nos tomemos tan enserio, en especial la vaga identidad que construimos de nosotros, la longevidad y la salud se prolongarán por mucho tiempo. Esto lo he podido corroborar con la vida de mi papá.

Prendemos nuestras velas para regresar un poco a la objetividad. Mucho diálogo y drama que atenta con lo básico vital, las dos siamesas con su dramatización de enfermera y paciente me enseñan la forma de cuidar de mi esposa, lo que me ha hecho falta para servir con cariño a su recuperación.

Me impaciento un poco, quiero retomar mi trabajo en la oscuridad, pero el examen de las dos invitadas continúa, siguen consumiendo tiempo valioso, de conexión.

Las velas vuelven a apagarse, esta vez me adentro a principios científicos, a la composición del universo, la estructura del sonido correlacionada con el tiempo y el flujo energético. La existencia del mundo paralelo que en torsión geométrica coexiste, como una ramificación de la voluntad errada que se aleja del dharma de cada una de nuestras vidas. Las invitadas en su postura encontrada, que bauticé como siamesas, me hicieron llegar a este concepto. Algo así como el reloj de arena, pero que no pierde volumen, sino se ramifica en diferentes caminos cuando se atenta con algo sagrado como la vida, o alguna ley universal. Un dejà vu es una interposición de estos mundos o una alerta al posible quebranto del dharma.

Vuelvo a conectar con mi tío. Esta vez lo confronto y clavo en su cuerpo astral una especie de daga o sello que permita borrar su registro kármico de la descendencia de mi hermana. No sé si haya resultado, no sé inclusive, si es algo bueno usar este tipo de mecanismos o si realmente tiene un efecto, espero no traiga consecuencias graves, pero es algo que mi intuición y corazón me dijeron que hiciera.

Krishna se instala dentro de mí, toma mi cuerpo por un rato, mientras disfruta del sagrado néctar del agua, se embriaga de este líquido vital, mientras a su derecha ve a mis acompañantes descansar. Le hacen gracia las burdas manifestaciones del hombre, sus intentos de libertad espiritual. Se regocija con esa parafernalia, mientras toma agua en pleno éxtasis. Me siento algo extraño, pero a la vez honrado de ser su anfitrión. Siento su irreverencia, y a la vez el cariño que tiene por nosotros.

Se ha ido y vuelvo a retomar el estudio del sonido, ya no como aturdimiento, sino como una sincronizada comunicación gutural. Mi garganta emite sonidos primarios, esos capaces de viajar al hiper espacio; sé que me comunico con algo o alguien, pero realmente no sé lo que digo, ni lo que escucho, solo sé que establezco comunicación. Decido cambiar la expresión sonora por algo más selvático y orgánico, y así regreso a mi lugar, para por fin descansar.

La mañana llegó, al parecer una hora después de que pude dormir. Sin embargo, no registro cansancio alguno, más bien vitalidad y mucha claridad de mente.

Al parecer todos los participantes estamos satisfechos con nuestro trabajo, esperemos nos rinda frutos y crecimiento.

Notas adicionales

La abuela de Josué decía, "cada uno es el centro del universo"

El universo y la vida, al girar se comportan como un 0, cuando el momento cambia de sentido bruscamente, o por ciclo natural, se convierte en un 8 momentáneo. El 8 es el siamés del 0 que en el cambio de momento forma la estructura dual unida por el cinturón central, en esta interposición cohabitan por un periodo indefinido los universos paralelos. Se reconoce esta interposición a través de un dejà vu, o bien, en el estado consciente de la ruptura de un principio universal.

Recuerdo mi comentario en la ceremonia que sostuve con Anita y mi mamá hace tres años, "el ocho es un cero con cinturón" (en ese momento fue un chascarrillo) hoy apunta a ser una interpretación más profunda y científica del comportamiento del universo. Si profundizamos en el desempeño e interacción de los universos paralelos, un dejà vu o un atentado del orden universal, es el cambio de spin del 0, formando así el 8. En nuestra vida es la interposición con otras vidas paralelas, la ramificación de otras posibilidades expresivas del Yo, es decir, de la voluntad de la conciencia divina. Al nosotros ser también un pequeño universo (es decir, seres con conciencia y voluntad), nuestras decisiones trascendentales tienen la capacidad de cambiar el giro del momento vital. Si este no es en el orden de lo sagrado, se creará un momento no deseado por el principio creador, y se ramificará cuantas veces sea necesario para su auto referencia y expresión interpretativa.

Creo que el exceso de sonido y aturdimiento de la ceremonia fue el resultado de estar en el cinturón de una de mis ramificaciones, la de mi vertiente oriental al lado de Chihiro. Curiosamente ese día fue 8 de agosto del 2024 (8-8-8)

Toda esta explicación puede expresarse gráficamente como un mandala hermoso que hacen las veces de un bello tapiz. Un cero con un ocho en el interior, duplicado a la n potencia, es una de tantas estructuras geométricas del universo.

Los hoyos negros en el macrocosmos son estos cinturones de momentos, ramificaciones de interacción con otros universos. Debido a esto, dentro de un hoyo negro todo se desintegra, el tiempo y el espacio no existen, pues es tal la fuerza del spin para cambiar de sentido que todo es absorbido (incluso la propia luz), quizás sólo el sonido primario pueda transitar por ese portal, ya que es lo único que trasciende a la luz de acuerdo a mi experiencia interpretativa del aturdimiento.

La liberación de karma es el desdoble de un ocho al retorno del cero, la expresión más fiel de la voluntad del principio creador. Reafirmarse como Yo soy.

Dios no se equivoca (relativo al comentario de mi hermana) pues se multiplica en infinitas versiones de ochos y ceros hasta tender al cero primario, aquel que no requiere expresión ni interpretación, el mismísimo sonido Om.

El final

Colibríes vuelan encontrados, y se besan mutuamente,
Algo me hace creer que mi ser acaricia lo prohibido,
Ese lugar que atenta con el orden, ese espacio indefinido,
El banquete del Dios perdido, del Dios promiscuo y
embriagado.

Así como el Tao es el bello susurro de lo continuo,
Así, mi espíritu, debe de a poco colmar su hambre,
Como la vasija que, gota a gota, va llenando de agua su
espacio.

Esta prisa mía, me ha llevado a rondar por mares y desiertos
A ser polvo en ventiscas nocturnas
A ser marea roja en las costas pesqueras

¿Por qué mi espíritu es tan impetuoso en los menesteres del
entendimiento?
Cada día es un juego azaroso que multiplica por mil los
caminos de mi destino
Me gusta jugar al callado héroe, al bello sermón de la
montaña, al gris camino del hombre y sus negocios, al
abuelo profeta que sostiene el bastón de mando.

Así, entre el vaivén de las horas, sigo tejiendo trajes de lana,
Sigo confeccionando este espacio vacío,
Como el atisbo de un canto, que vaga en las ondas
profundas del silencio,
Como un colibrí, besando su propio reflejo.

La paja se ha acumulado en el granero,
Se han segado los granos y el trigo,
Más allá del establo, la pradera se pinta luminosa,
Invitándome a andar y correr en sus pequeñas lomas,
Libre del aturdimiento de mis ufanas posturas,
Libre del cuento y relato,
En continua aceptación del sustantivo luz.

He llegado al final de esta bitácora,
Al mismo principio del éter,
Cargado de dudas, y coloquiales palabras,
Con un deseo fuerte de viajar a la India,
De comprender la palabra maestría,
Dedicada a soplar en mi rostro, las notas verdes de un
mundo sagrado,
De un caminar certero y prolongado,
De un sonido primario, que no aturde, que no se puede
pronunciar.

Concluyo, recordando a la bella mariposa y su relato, al
bello cuento del creador y al adornado estilo del hombre y
su devenir dubitativo.

¿Quién soy?
¿Quién es mi Padre?

Preguntas retóricas para el que sabe andar el largo camino
de la maestría.

¡Sin embargo se mueve! Aunque medita en eterno reposo.

Made in the USA
Columbia, SC
03 October 2024

42940670R00174